iBS 교육방송

내·신·수·능·적·중

고등국어

contents
목차

o **IPTV 교육방송은** 교육전문방송으로서 학교교육을 보완하고 국민 평생교육 담당이라는 사회적 책임과 의무를 다하기 위하여 부단한 노력을 기울여 오고 있습니다.

특히, 교육환경의 변화와 이에 따른 교육현장의 요구를 최대한 수용하여 학교 교육을 보충·심화할 수 있도록 다양한 교재와 프로그램을 새롭게 개발하고 있습니다.

이러한 노력의 일환으로 IPTV교육방송은 고등학교에서 연차적으로 실시되고 있는 개정 교육과정 및 교과도서를 철저히 분석하여, 방송교재와 프로그램에 충실히 반영함으로써 세분화·전문화된 교재와 방송 프로그램을 개발하고 있습니다.

또한, IPTV교육방송 홈페이지를 통해 언제 어디서나 손쉽게 볼 수 있도록 하여 학교나 가정에서 반복 학습이 가능하도록 하였습니다.

앞으로도, IPTV교육방송은 가정경제의 위기 속에, 날로 심각해지는 국민 사교육비 부담을 덜어주고 공교육의 정상화를 위한 다각적인 노력을 기울이며 공영방송으로서의 새로운 비전을 제시할 수 있도록 최선을 다하겠습니다.

01

시가 문학

🚌 개념 정리 ‥

⊙ 시어

시에서 주제를 드러내기 위해 사용되는 모든 언어. 시를 감상할 때 중심 시어의 의미, 기능, 상징성을 파악하는 것이 중요함.

⊙ 시의 표현 기법

1. 비유

① 정의 : 어떤 사물을 보다 효과적으로 표현하기 위해, 표현하고자 하는 사물을 직접 설명하지 않고 그것과 유사한 다른 사물에 빗대어 표현하는 방법.

② 원관념과 보조 관념

원관념	본래 나타내고자 하는 사물.
보조 관념	원관념을 나타내기 위해 끌어온 말.

⇨ 내 마음(원관념)은 호수(보조 관념)요.

③ 기능
- 이미지를 형성하는 수단
- 추상적인 대상을 구체적으로 정확하게 전달.

2. 상징

① 정의 : 어떤 사물이 문맥 안에서 그 자체의 의미를 가지면서도 더 포괄적이고 내포적인 다른 의미까지 표현하는 방법.

② 특성
- 상징은 그 의미를 전체 작품에 조응할 때 비로소 파악할 수 있다.
- 상징은 원관념이 생략된 채 그 뜻을 완벽하게 밝히지는 않는다.
- 비유에서는 원관념과 보조 관념이 일대일로 대응되지만, 상징에서는 일대 다수로 대응된다.

③ 종류

1) 관습적 · 제도적 상징

오랜 시간 문화적 전통이나 사회적 관습에 의해 공인되고 보편화된 상징.

예) 태극기 → 우리나라, 십자가 → 기독교, 비둘기 → 평화

2) 개인적 · 창조적 상징

시인의 창조적인 상상력에 의해 개성 있게 표현된 상징.

예) 어머니는 / 오늘도 / 어둠 속에서
　　조용히 / 눈물로 / 진주를 만드신다. -정한모 '어머니'
　　(어둠 → 어려운 현실, 눈물 → 어머니의 인고의 자세와 자식에 대한 사랑)

3) 원형적 상징

지역의 제약을 넘어 인류에게 유사한 정서나 의미를 불러일으키는 상징.

예) 물 → 생명력, 성장, 속죄

⊙ 시적 화자

① 정의 : 시 속에서 말하는 사람, 시인의 사상
과 정서가 투영된 대리인.

② 기능 : 시인의 감정, 사상을 대신하여 표출,
작중 인물에 대한 정보 제공, 시의 표면에 드
러나기도 하고 숨어 있기도 함.

③ 태도 : 예찬적, 비판적, 여성적, 남성적, 낙관
적, 풍자적, 반성적.

⊙ 시상 전개 방식

① 시간의 흐름
② 시선의 이동
③ 수미상관
④ 선경후정
⑤ 기승전결

|||| 실전문제 | 김기림,「바다와 나비」　　　　　　　　　　　2006/03/학평

아무도 그에게 수심(水深)을 일러 준 일이 없기에
흰 나비는 도무지 바다가 무섭지 않다.

청(靑)무우밭인가 해서 내려갔다가는
어린 날개가 물결에 절어서
공주(公主)처럼 지쳐서 돌아온다.

삼월(三月)달 바다가 꽃이 피지 않아서 서글픈
나비 허리에 새파란 초생달이 시리다.

---

01. 이 시에 제시된 시의 상황을 이야기로 풀이하는 과제를 수행하였다. 적절하지 <u>않은</u> 것은?

① 어린 나비는 누구에게서도 바다의 깊이가 얼마나 되는지 들어본 적이 없다.

② 나비는 그저 바다를 빛깔만 보고 청(靑)무우밭으로 생각하고 있었을 뿐이었다.

③ 삼월 어느 날, 나비는 바다 위를 날고 있었다.

④ 나비는 바다가 청(靑)무우밭이 아님을 알았고, 젖은 날개로 힘겹게 바다를 빠져나왔다.

⑤ 나비는 초생달을 바라보며 언젠가 꽃이 핀 청(靑)무우밭을 찾아가리라 굳은 결심을 한다.

IIIII 실전문제 | 김소월,「진달래꽃」 2006/09/학평

나 보기가 역겨워

가실 때에는

말없이 고이 보내 드리우리다.

영변(寧邊)에 약산(藥山)

진달래꽃

아름 따다 가실 길에 뿌리우리다.

가시는 걸음걸음

놓인 그 꽃을

사뿐히 즈려 밟고 가시옵소서.

나 보기가 역겨워

가실 때에는

죽어도 아니 눈물 흘리우리다.

---

02. 이 시의 표현상의 특징 및 효과로 적절하지 <u>않은</u> 것은?

① 종결 어미 '-우리다'를 반복하여 리듬감을 살렸다.

② 각 연을 3행으로 배열하여 형태적 안정감을 얻었다.

③ 반어법을 사용하여 임에 대한 화자의 심정을 드러냈다.

④ 유사한 시구를 처음과 끝에 반복하여 주제를 강조했다.

⑤ 청각적 이미지로 시적 화자의 정서를 생동감 있게 드러냈다

IIIII 실전문제 | 안도현,「우리가 눈발이라면」

우리가 눈발이라면

허공에서 쭈빗쭈빗 흩날리는

진눈깨비는 되지 말자.

세상이 **바람** 불고 춥고 어둡다 해도

사람이 사는 마을

가장 낮은 곳으로

따뜻한 함박눈이 되어 내리자.

우리가 눈발이라면

잠 못 든 이의 창문가에서는

편지가 되고

그이의 깊고 **붉은 상처** 위에 돋는

새살이 되자.

---

03. 본문의 시어 중, ㉠의 함축적 의미와 가장 가까운 것은?

―――――――――――――――〈 보기 〉―――

어두운 방안엔
빠알간 숯불이 피고,

외로이 늙으신 할머니가
애처로이 잦아드는 어린 목숨을 지키고 계
시었다.

이윽고 눈 속을
아버지가 약(藥)을 가지고 돌아오시었다.

아 아버지가 눈을 헤치고 따 오신
그 붉은 ㉠산수유(山茱萸) 열매
　　　　　　　　　　　- 김종길, 「성탄제」

―――――――――――――

① 허공　　② 진눈깨비　　③ 바람　　④ 붉은 상처　　⑤ 새살

|||| 실전문제 | 이육사, 「광야(曠野)」　　　　　　　　　　2007/06/학평

까마득한 날에
하늘이 처음 열리고
어데 닭 우는 소리 들렸으랴

모든 산맥(山脈)들이
바다를 연모(戀慕)해 휘달릴 때도
차마 이곳을 범(犯)하던 못하였으리라

끊임없는 광음(光陰)을
부지런한 계절(季節)이 피어선 지고
큰 강물이 비로소 길을 열었다

지금 눈 나리고
매화 향기(梅花香氣) 홀로 아득하니
내 여기 가난한 노래의 씨를 뿌려라

다시 천고(千古)의 뒤에
백마(白馬) 타고 오는 초인(超人)이 있어
이 광야(曠野)에서 목놓아 부르게 하리라

04. 이 시에 대한 설명으로 적절한 것은?

① 역동적 이미지를 생동감 있게 표현하고 있다.

② 격정적인 어조로 그리움을 노래하고 있다.

③ 민중들의 가난을 공감하고 있다.

④ 광야를 지키지 못한 화자의 자책감이 드러난다.

⑤ 여성적이고 순응적인 어조로 말하고 있다.

‖‖‖ 실전문제 | 신동엽,「봄은」 　　　　　　　　　　　　　　　　2007/03/학평

봄은
남해에서도 북녘에서도
오지 않는다.

너그럽고
빛나는
봄의 그 눈짓은,
제주에서 두만까지
우리가 디딘
아름다운 논밭에서 움튼다.

겨울은,
바다와 대륙 밖에서
그 매서운 눈보라 몰고 왔지만
이제 올
너그러운 봄은, 삼천리 마을마다
우리들 가슴속에서
움트리라.

움터서,
강산을 덮은 그 미움의 쇠붙이들
눈 녹이듯 흐물흐물
녹여버리겠지.

---

05. 〈보기〉는 위 시에 대한 학생의 감상문이다. 그 내용으로 적절하지 <u>않은</u> 것은?

───────〈 보기 〉───────

　작품에서 봄은 '우리가 디딘 아름다운 논밭에서, 우리들 가슴속에서 움튼다'고 되어 있는데, 이것은 '우리'로 지칭되는 대상에게 봄이 특별한 의미를 지닌다는 말 같다. ①'우리'는 '제주에서 두만까지 아름다운 논밭을 디디고 있다'는 점에서 우리 민족을 의미하는 것으로 보인다. 그렇다면 우리의 민족에게 봄은 어떤 특별한 의미를 지니는 걸까? ②마지막 연의 내용으로 보아 봄은 '미움의 쇠붙이들'이 완전히 사라진 상태를 의미하는 것 같다. ③작품에서 '봄' 앞에 '너그러운'이라는 수식어를 붙인 것도 이와 관련되는 것 같다. 미움을 없앨 수 있는 것은 너그러운 마음이기 때문이다. ④그러한 봄이 '우리들 가슴속에서 움트리라'라고 한 것은 우리 민족 스스로 그러한 봄을 만들어 내야 한다는 의미로도 볼 수 있지 않을까? ⑤전체적으로 봄과 겨울을

대비한 것은, 자연스러운 계절의 순환마저 거부하려는 강한 의지를 표현한 것으로 볼 수 있다.

가야 할 때가 언제인가를
분명히 알고 가는 이의
뒷모습은 얼마나 아름다운가.

봄 한 철
격정을 인내한
나의 사랑은 지고 있다.

분분한 낙화…….
결별이 이룩하는 축복에 싸여
지금은 가야할 때.

무성한 녹음과 그리고
머지않아 열매 맺는
가을을 향하여
나의 청춘은 꽃답게 죽는다.

헤어지자
섬세한 손길을 흔들며
하롱하롱 꽃잎이 지는 어느 날.

나의 사랑, 나의 결별
샘터에 물 고인 듯 성숙하는
내 영혼의 슬픈 눈.

06. 지금은 가야할 때. 를 중심으로 (가)의 의미를 해석해 보았다. 적절하지 <u>않은</u> 의견은?

① 2연의 '나의 사랑은 지고 있다' 등으로 보아 사랑하는 사람과의 이별과 거기에서 오는 아픔을 노래한 것으로 보여.

② 3연의 '분분한 낙화' 등으로 보아 꽃이 져야만 열매를 맺는 자연의 섭리와 그것에 순응하는 태도로 읽을 수 있어.

③ 4연의 '무성한 녹음과 그리고 / 머지않아 열매 맺는 가을'로 보아 가난에서 오는 절망을 극복한 풍요로운 세계에 대한 소망을 노래하고 있어.

④ 4연의 '나의 청춘은 꽃답게 죽는다' 등으로 보아 인생의 청춘기와 성년기의 경계 지점을 통과하는 사람의 노래로 볼 수 있어.

⑤ 6연의 '나의 사랑, 나의 결별 / 샘터에 물 고인 듯 성숙하는'으로 보아 미성숙의 상태에서 벗어나 보다 성숙한 세계로 들어가겠다는 의지의 표명으로 보여.

IIIII 실전문제 | 복효근,「토란잎에 궁그는 물방울같이는」 2008/03/학평

그걸 내 마음이라 부르면 안 되나.

토란잎이 간지럽다고 흔들어 대면

궁글궁글 투명한 리듬을 빚어내는 물방울의

둥근 표정.

토란잎이 잠자면 그 배꼽 위에

하늘 빛깔로 함께 자고선

토란잎이 물방울을 털어 내기도 전에

먼저 알고 흔적 없어지는 그 자취를 ⑦

그 마음을 사랑이라 부르면 안 되나.

---

07. ⑦에 담겨 있는 의미에 공감한 독자가 그 내용을 시구를 활용하여 표현한다고 할 때, 가장 적절한 것은?

① 가야 할 때를 분명히 알고 가는 이의 모습은 얼마나 아름다운가.

② 결별이 이룩하는 축복을 위해 우리는 가야 한다.

③ 이 무성한 녹음은 머지않아 열매 맺는 가을로 향할 것이라 믿는다.

④ 날러는 어찌 살라 하고 이대로 가시렵니까.

⑤ 설온 님 보내옵나니 가시는 대로 곧 돌아오십시오.

IIIII 실전문제 | 작자 미상,「가시리」 2008/03/학평

가시리 가시리잇고 나는

버리고 가시리잇고 나는

위 증즐가 대평성대(大平盛代)

날러는 어찌 살라 하고

버리고 가시리잇고 나는

위 증즐가 대평성대(大平盛代)

잡사와 두어리마나는

선하면 아니 올세라

위 증즐가 대평성대(大平盛代)

설온 님 보내옵나니 나는

가시는 듯 돌아오소서 나는

위 증즐가 대평성대(大平盛代)

---

08. 보기 설명에 해당하는 시구를 찾아 쓰시오.

─────〈 보기 〉─────

이 부분은 주체를 누구로 해석하느냐에 따라 시적 상황에 큰 영향을 끼친다. '임'을 주체로 해석할 경우, 시적 화자와 임이 모두 이별을 원하지 않으나 어쩔 수 없이 헤어지게 되는 것으로 해석된다. 반대로 시적 화자를 주체로 해석할 경우, 임의 결정으로 인해 이별의 상황이 도래하였음이 나타난다.

⫼⫼⫼ 실전문제 ┃ 윤선도,「오우가」	2008/09/학평

내 벗이 몇이냐 하니 수석(水石)과 송죽(松竹)이라
동산에 달 오르니 그 더욱 반갑구나
두어라 이 다섯 밖에 또 더하여 무엇하리
    - 제1수

구름 빛이 좋다 하나 검기를 자주 한다
바람 소리 맑다 하나 그칠 적이 하노매라
좋고도 그칠 뉘* 없기는 물뿐인가 하노라
    - 제2수

꽃은 무슨 일로 피면서 쉬이 지고
풀은 어이하여 푸르는 듯 누르나니
아마도 변치 아닐 손 바위뿐인가 하노라
    - 제3수

더우면 꽃 피고 추우면 잎 지거늘
솔아 너는 어찌 눈서리를 모르느냐
구천(九泉)**에 뿌리 곧은 줄을 그로 하여 아노라
    - 제4수

나무도 아닌 것이 풀도 아닌 것이
곧기는 뉘 시키며 속은 어이 비었느냐
저렇고 사시(四時)에 푸르니 그를 좋아하노라
    - 제5수

작은 것이 높이 떠서 만물을 다 비추니
밤중의 광명이 너만한 이 또 있느냐
보고도 말 아니 하니 내 벗인가 하노라
    - 제6수

09. (나)에 대한 감상으로 적절하지 <u>않은</u> 것은?

① 제1수에 제시된 소재가 이후의 작품에 순서대로 나온다.
② 제2수의 '구름'은 제3수의 '꽃'과 함축적 의미가 유사하다.
③ 제4수는 대비적 속성을 통해 대상의 함축적 의미를 드러내고 있다.

④ 제5수는 속성만으로 대상을 짐작할 수 있게 표현되었다.

⑤ 제6수의 소재는 이전 소재들의 속성을 아우르고 있다.

IIIII 실전문제 | 신경림, 「동해바다」 2008/06/학평

친구가 원수보다 더 미워지는 날이 많다.
티끌만한 잘못이 맷방석만하게
동산만하게 커 보이는 때가 많다.
그래서 세상이 어지러울수록
남에게는 엄격해지고 내게는 너그러워지나 보다.
돌처럼 잘아지고 굳어지나 보다.

멀리 동해 바다를 내려다보며 생각한다.
널따란 바다처럼 너그러워질 수는 없을까,   A
깊고 짙푸른 바다처럼.
감싸고 끌어안고 받아들일 수는 없을까,
스스로는 억센 파도로 다스리면서.
제 몸은 맵고 모진 매로 채찍질하면서.

---

10. 시적 화자의 태도가 [A]와 가장 유사한 것은?

① 인생은 살기 어렵다는데시가 이렇게 쉽게 씌어지는 것은부끄러운 일이다.- 윤동주, 「쉽게 씌어진 시」-

② 꿈 꾸어도 노래하지 않고두 쪽으로 깨뜨려져도소리하지 않는 바위가 되리라.- 유치환, 「바위」-

③ 우리 모두 화살이 되어온몸으로 가자.허공 뚫고온몸으로 가자.- 고은, 「화살」-

④ 한밤중에 바람이 분다.바람 속에서 애기가 웃는다.애기는 방 속을 들여다본다.들창을 열었다 다시 닫는다.- 김광균, 「은수저」-

⑤ 산산이 부서진 이름이여!허공 중에 헤어진 이름이여!불러도 주인 없는 이름이여!부르다가 내가 죽을 이름이여!- 김소월, 「초혼」-

---

IIIII 실전문제 | 이육사, 「청포도」 2009/03/학평

내 고장 칠월은
청포도가 익어 가는 시절

이 마을 전설이 주저리주저리 열리고
먼 데 하늘이 꿈꾸며 알알이 들어와 박혀

내가 바라는 손님은 고달픈 몸으로
청포(靑袍)를 입고 찾아온다고 했으니

내 그를 맞아 이 포도를 따 먹으면
두 손은 흠뻑 적셔도 좋으련

하늘 밑 푸른 바다가 가슴을 열고

흰 돛 단 배가 곱게 밀려서 오면

아이야 우리 식탁엔 은쟁반에

하이얀 모시 수건을 마련해 두렴.

11. 이 시를 감상하고 나서 떠오른 생각을 바탕으로 <보기>의 밑그림을 그렸다.
이 그림을 마무리하기 위해 세운 계획으로 적절하지 <u>않은</u> 것은?

	대상	색채		표현상 주안점
		청(靑)색 계열	백(白)색 계열	
①	㉮	○		'하늘'과 이어져 밝고 평화로운 느낌이 들도록 표현한다.
②	㉯		○	'하늘', '바다'와의 색채 대비를 통해 더욱 선명하고 희망적인 느낌이 들도록 표현한다.
③	㉰	○		'하늘'이나 '청포도'와는 다른 색감을 주어 괴롭고 답답한 심정을 강조한다.
④	㉱	○		싱그러우면서도 풍성한 느낌이 들도록 표현한다.
⑤	㉲		○	깨끗하고 정성어린 느낌이 들도록 표현한다.

IIIII 실전문제 | 김종길,「성탄제(聖誕祭)」 2010/03/학평

어두운 방 안엔
바알간 숯불이 피고,

외로이 늙으신 할머니가
애처로이 잦아드는 어린 목숨을 지키고 계시었다.

이윽고 눈 속을
아버지가 약(藥)을 가지고 돌아오시었다.

아, 아버지가 눈을 헤치고 따 오신
그 붉은 산수유 열매—.

나는 한 마리 ㉠<u>어린 짐승</u>,
젊은 아버지의 서느런 옷자락에
열(熱)로 상기한 볼을 말없이 부비는 것이었다.

이따금 뒷문을 눈이 치고 있었다.
그날 밤이 어쩌면 성탄제의 밤이었을지도 모른다.

어느새 나도
그때의 아버지만큼 나이를 먹었다.

옛 것이란 거의 찾아볼 길 없는
성탄제 가까운 도시에는

이제 반가운 그 옛날의 것이 내리는데,

서러운 서른 살, 나의 이마에
불현듯 아버지의 서느런 옷자락을 느끼는 것은,

눈 속에 따 오신 산수유 붉은 알알이
아직도 내 혈액(血液) 속에 녹아 흐르는 까닭일까.

12. 이 시를 영상물로 만들기 위한 계획으로 적절하지 <u>않은</u> 것은?

전체적인 구성 방향	과거 장면과 현재 장면으로 나누어 구성한다.
과거 장면	① 앓고 있는 어린 손자를 향한 할머니의 안타까운 시선이 잘 드러나도록 한다. ② 산수유 열매의 붉은색이 눈의 흰색과 뚜렷이 대비되도록 화면을 구성한다.
장면 전환	③ 눈을 회상의 매개체로 하여 과거 장면과 현재 장면을 연결한다.

현재 장면	④ 성탄절 분위기가 느껴지는 도시의 거리 모습을 배경으로 설정한다. ⑤ 주인공의 감정과 어울리는 경쾌한 배경 음악을 활용한다.

02

산문 문학

🚌 개념 정리 ..

◉ 소설의 3요소

① 인물 : 주동-반동 인물, 평면적-입체적 인물, 전형적-개성적 인물, 주요-주변 인물

② 사건 : 갈등을 통해 사건 전개. 외적-내적 갈등

③ 배경 : 생생하고 사실적 전달, 심리와 사건 암시, 전반적인 분위기 조성, 주제 부각

◉ 소설의 특성

① 허구성 ② 진실성

③ 개연성 ④ 서사성

◉ 소설의 시점

① 인칭 주인공 시점 : 주인공인 '나'의 시선이기 때문에 독자들이 작품에 공감하기가 더 쉬움, 독자들은 사건, 상황과 가까이 있다는 친밀감을 느낌, 넓고 다양한 것을 묘사하기 쉽지 않음.

② 1인칭 관찰자 시점 : 나'가 다른 특정한 인물과 그 주변에서 일어나는 사건들을 관찰, '나'가 주인공의 모습들을 보면서 느끼는 감정, 생각들을 적어 내려가면 옆에서 지켜보는 것 같은 느낌. 긴장감, 신비감 유발

③ 3인칭 관찰자 시점 : 보이는 대로, 있는 그대로를 담담하고 객관적으로 제시, 치밀하고 세부적인 심리묘사가 힘든 부분이 있음.

④ 전지적 작가 시점 : 세부적인 부분과 심리묘사가 편리하게 제공됨, 서술자가 인물과 사건에 대한 분석, 해석, 평가를 함.

◉ 고전 소설의 특징

① 주제 : 권선징악적

② 결말 : 행복한 결말

③ 문체 : 운문체, 문어체

④ 표현 : 과장, 나열, 한문 문장의 빈번한 삽입

⑤ 인물 : 전형적, 평면적

⑥ 구성 : 일대기적, 순행적

⑦ 배경 : 막연함, 비현실적

◉ 인물의 성격 제시 방법

① 직접적 제시방법(=분석적 · 해설적 · 요약적 제시방법, 말하기 telling) : 서술자가 직접 인물에 대해 판단, 분석해서 인물의 성격을 설명하는 방법. 시간이 절약됨, 구체성을 잃기 쉬움

② 간접적 제시방법(=극적 · 장면적 제시방법, showing, 보여주기) : 인물의 외양묘사, 행동, 대화, 말투 등을 통해 간접적으로 독자들이 인물의 성격을 판단하게 하는 방법, 독자의 상상적 참여 가능, 표현상의 제약이 있음

다음 글을 읽고 물음에 답하시오.

　　싱싱 청과물에서는 구정 대목이 다가오자 울긋불긋한 꽃종이로 포장한 사과 상자, 귤, 배, 진영 단감, 딸기 들을 가게 안팎으로 가득 벌여 놓기 시작하였다. 신정 연휴가 사흘이나 된다 하여도 음력 설만큼 돈이 풀리려면 어림도 없다. 우리 정육점도 연일 비린내를 풍기며 고깃근을 쟁여 놓고 대목 장사를 준비하던 무렵이었다. 김포 슈퍼와 형제 슈퍼에도 울긋불긋 과일전이 흐드러졌다. 김 반장이 차를 빌려 서울까지 원정 나가서 도매로 들여온 물건이었다. 가격은 싱싱 청과물을 기준으로 하여 정해졌다. 싱싱 쪽에서 사과 상품 한 상자를 15,000원에 판다면 그들은 14,000원에 금을 매겼다. 깎으려고 드는 손님들도 그냥 돌려보내지 않고 한껏 금을 내려 주었다. 구정 선물용으로 대개 상자째 팔려 나가는 때였다. 그것뿐이 아니었다. 싱싱에서 물건을 흥정하는 손님이 있으면 김 반장은 어디서 구해 왔는지 삑삑거리는 핸드 마이크를 쳐들고 훼방을 놓았다.

　　"과일 바겐세일입니다. 조생 귤이 있습니다. 산지에서 금방 올라온 맛좋은 부사 사과를 파격적인 가격으로 판매합니다. 자, 과일 바겐세일!"

　　어떤 때에는 김포 슈퍼를 선전해 주기도 하였다.

　　"과일 세일합니다. 사과, 배, 귤 모두 세일합니다. 저 쪽 김포 슈퍼로 가시든가 여기로 오시든가 마음대로 하세요. 몽땅 세일합니다요."

　　싱싱 청과물 사내가 김 반장한테 쫓아간 것은 당연한 일이었다. 하지만, 싸움은 초반부터 싱싱 청과물 사내가 불리한 쪽에 있었다. 생각 없이 대뜸 내뱉은 첫말이 당장 김 반장의 공격망에 걸려 버린 것이다. 나이가 어리다 하여 만만히 여기고 다짜고짜 말을 놓은 게 실수였다. 싱싱 청과물 사내가 말꼬리를 붙잡혀서 정작 장사를 훼방한 것에 대해서는 따질 기회도 얻지 못한 채 전전긍긍하고 있을 때, 경호 아버지가 싸움에 끼어들었다. 이 때다 싶었던지, 몰리고 있던 싱싱 청과물 사내가 버럭 소리를 질렀다.

　　"당신들 말야, 왜 어깃장을 놓아? 가격이야 뻔한데 본전치기로 넘기면서 남의 장사 망쳐 놓는 속셈이 대관절 무엇이야? 엉! 왜 못살게들 굴어?"

　　경호 아버지도 어름하게 물러서지는 않았다.

　　"싸게 사서 싸게 파는 것도 죄요? 원 별소릴 다 듣겠네."

　　얼굴이 벌개진 싱싱 사내는 공연스레 목청만 돋운다.

　　"이 사람들, 이제 보니 심보가 새까맣군그래. 싸게 사서 싸게 파는 것도 죄냐구? 말해! 나하고 무슨 원수가 졌냐? 날 죽여 보겠다는 심보는 대체 뭐야!"

그러면 김 반장이 또 씩씩거리며 대들었다.

"이게 좁쌀밥만 먹고 살았나? 말마다 영 기분 나쁘게시리 반말로만 내뱉는군. 단단히 정신을 차릴 필요가 있는 작자라니까."

마침내 싱싱 청과물 사내가 죽기살기로 김 반장의 멱살을 잡고 바둥거리기 시작했다. 몸피가 유난히 왜소하여 애초 김 반장의 상대가 되지도 못하면서 기를 쓰고 덤벼드는 그를 김 반장은 여유 있게 메다꽂았다. 이 못된 놈이 사람 친다고 악을 쓰면서 덤벼드는 그를 향해 김 반장은 알게 모르게 주먹 솜씨를 발휘하였다.

"어디서 굴러먹던 뼈다귀인지 생전 보지도 못한 놈이 남의 장사 망치려고 덤벼든 것을 생각하면 내 속이 터진다구."

김 반장의 목소리는 칼날처럼 [　　　ㄱ　　　].

"와 이라노? 이게 무슨 짓들가? 한 동네 삼시로 서로 웬 주먹질이란 말이가? 보소, 아저씨가 참으소. 맞는 사람만 손해라 카이. 아이구마, 김 반장아. 니가 깡패로 나섰노? 이러는 기 아니다. 아무리 억울헌 일이 있다 캐도 이러는 기 아니다. 이 손 치아라! 내 말 안 들으라면 인자부터 니랑 내랑 아는 체도 말자고마. 이 손 치아라!"

원미 지물포 주씨가 적극적으로 두 사람을 뜯어말렸다. 지물포 주인 주씨가 뜯어말리는 그 사이에도 김 반장은 연신 싱싱 청과물 사내의 옆구리를 향해 헛발길질을 해대고 있었다.

싸움 구경에 나섰던 사람들은 그 날의 사건을 두고두고 입에 올렸다. 다음다음 날, 싱싱 청과물 사내가 입술을 깨물며 리어카 행상으로 과일 처분에 나선 것을 보고는 모두들 김 반장의 잔인함에 몸을 떨었다. 구정 대목을 보려고 무리하면서까지 들여놓은 과일을 소화하기 위해서는 그 수밖에 없기는 하였다.

"지독해. 김 반장네 가게에선 앞으로 두부 한 모도 사지 않을 거야."

시내 엄마는 질렸다는 듯이 고개를 설레설레 흔들었다. 이제 네 살짜리 사내 하나를 두고 있는 그녀는 얼핏 보기엔 64번지 새색시보다 훨씬 앳되어 보였다. 써니 전자를 꾸려 나가는 그들 부부의 사는 모습도 지극히 낭만적이어서 깊은 밤 문 닫힌 그들 가게에서 흘러나오는 애수어린 음악 소리만 들어도 그것을 능히 짐작할 수 있는 터였다.

"경호 아버지도 다시 봐야겠어. 어쩌면 그렇게 몸을 사릴까? 약아빠졌어. 난 김 반장보다 경호 아버지가 더 얄밉더라."

64번지 새댁이 분개하였지만, 여자들은 김 반장 쪽이 아무래도 나빴다는 쪽으로 의견들을 모았다. 그렇게까지 독한 줄은 몰랐었는데, 정말이지 사람이란 두고두고 겪어 보아야만 속을 안다고 입을 삐쭉였다.

원래가 목이 좋지 않아 어느 장사든 길게 가 본 적이 없는 싱싱 청과물은 문을 연 지 한 달만에 셔터를 내리고야 말았다. 만두집, 돼지갈비 전문, 오락실 따위의 장사를 벌였던 이전의 주인들도 두세 달을 채우지 못했으니까 그다지 이상할 것도 없는 일이었다. 다만 몇 푼이라도 가게 치장에 돈이 든 것이 아니고, 미처 팔지 못한 과일이나 부식은 식구들이 먹어치우면 될 것이니 다른 사람들에 비해 큰 손해는 없을 것이라고 여자들은 수군거렸다. 동맹자들이 결국은 목적을 달성한 사실에 대해 한편으로는 놀라기도 하면서 혹은 언짢게 생각하기도 하면서…….

특히 시내 엄마가 싱싱 청과물의 폐업을 가장 가슴아파했다.

"오죽하면 여기까지 와서 장사를 벌였을라구. 이 동네가 어디 장사해서 돈 벌 곳이 되나? 그깟것 같이 좀 먹고 살면 어때서, 너무 잔인해."

"문 닫은 걸 보니 안되긴 좀 안됐어. 그래도 어쩌겠나? 다들 먹고 살아 보려고 아웅다웅하는 것이니……."

원래 대범한 편인 지물포 여자가 다소나마 그들을 감싸 주었다.

01. 위 글에 대한 설명으로 적절한 것은?

① 공간적 배경이 다양하게 드러나 있다.

② 시점의 변화에 따라 갈등이 점차 고조되고 있다.

③ 상황을 받아들이는 인물들의 입장이 잘 드러나 있다.

④ 과거의 삶에 대한 회상과 현재의 삶의 모습이 교차되고 있다.

⑤ 반어적 기법을 사용하여 인물의 비극적 운명을 드러내고 있다.

02. 위 글에서 '김 반장'에 대한 서술자의 태도를 바르게 지적한 것은?

① 적대감을 강하게 드러내고 있다.

② 사건의 전개에 따라 태도가 변하고 있다.

③ 냉정한 편이지만 때로는 동정하기도 한다.

④ 표면적으로는 중립적인 태도를 보이고 있다.

⑤ 우호적인 것처럼 보이지만 사실은 비판적이다.

03. 위 글에 나타난 인물을 중심으로 갈등의 유형과 원인을 파악하려고 할 때, 적절한 것은?

	인물	갈등의 유형	갈등의 원인
①	경호 아버지	내적 갈등	자신과 김 반장의 방해로 싱싱 청과물이 문을 닫음.
②	김 반장	외적 갈등	싱싱 청과물의 개업으로 장사가 잘 되지 않음.
③	싱싱 청과물 사내	내적 갈등	김 반장과 경호 아버지의 방해로 과일을 팔지 못함.
④	64번지 새댁	외적 갈등	지물포 여자가 김 반장을 감싸 줌.
⑤	지물포 주씨	내적 갈등	김 반장이 너무 잔인하게 싱싱 청과물 사내를 괴롭힘.

04. [㉠] 에 들어갈 말로 가장 적절한 것은?

① 무서웠다   ② 산뜻했다   ③ 시원했다

④ 정확했다   ⑤ 서늘했다

IIII 실전문제 | 김유정,「봄봄」   2006/06/학평

다음 글을 읽고 물음에 답하시오.

> 사실 이 때만치 슬펐던 일이 또 있었는지 모른다. 다른 사람은 암만 못생겼다 해두 괜찮지만 내 안해 될 점순이가 병신으로 본다면 참 신세는 따분하다. 밥을 먹은 뒤 지게를 지고 일터로 갈려 하다 도로 벗어던지고 바깥마당 공석 위에 드러누워서, 나는 차라리 죽느니만 같지 못하다 생각했다. 내가 일 안 하면 장님님 저는 나이가 먹어 못 하고 결국 농사 못 짓고 만다. 뒷짐으로 트림을 꿀꺽하고 대문 밖으로 나오다 날 보고서,
>
> "이 자식, 왜 또 이러니."
>
> "관격이 났어유, 어이구 배야!"
>
> "기껏 밥 처먹구 나서 무슨 관격이야, 남의 농사 버려 주면 이 자식 징역 간다 봐라!"
>
> "가두 좋아유, 어이구 배야!"
>
> 참말 난 일 안 해서 징역 가도 좋다 생각했다. 일후 아들을 낳아도 그 앞에서 바보, 바보, 이렇게 별명을 들을 테니까 오늘은 열 쪽이 난대도 결정을 내고 싶었다.

　장인님이 일어나라고 해도 내가 안 일어나니까 눈에 독이 올라서 저 편으로 힝하게 가더니 지게막대기를 들고 왔다. 그리고 그걸로 내 허리를 마치 들떠 넘기듯이 쿡 찍어서 넘기고 넘기고 했다. 밥을 잔뜩 먹어 딱딱한 배가 그럴 적마다 퉁겨지면서 배창이 꼿꼿한 것이 여간 켕기지 않았다. 그래도 안 일어나니까 이번에는 배를 지게막대기로 위에서 쿡쿡 찌르고 발길로 옆구리를 차고 했다. 장인님은 원체 심청이 궂어서 그러지만 나도 저만 못 하지 않게 배를 채었다. 아픈 것을 눈을 꽉 감고 넌 해라 난 재밌단 듯이 있었으나 볼기짝을 후려갈길 적에는 나도 모르는 결에 벌떡 일어나서 그 수염을 잡아챘다. 마는 내 골이 난 것이 아니라 정말은 아까부터 벽 뒤 울타리 구멍으로 점순이가 우리들의 꼴을 몰래 엿보고 있었기 때문이다.

　가뜩이나 말 한 마디 톡톡히 못 한다고 바라보는데 매까지 잠자코 맞는 걸 보면 짜장 바보로 알게 아닌가. 또 점순이도 미워하는 이까짓 놈의 장인님하곤 아무것도 안 되니까 막 때려도 좋지만 사정 보아서 수염만 채고(제 원대로 했으니까 이 때 점순이는 퍽 기뻤겠지.) 저기까지 잘 들리도록

　“이걸 까셀라부다!”

　하고 소리를 쳤다.

　장인님은 더 약이 바짝 올라서 잡은 참 지게막대기로 내 어깨를 그냥 내려 갈겼다. 정신이 다 아찔하다. 다시 고개를 들었을 때 그 때엔 나도 온몸에 약이 올랐다. 이 녀석의 장인님을, 하고 눈에서 불이 퍽 나서 그 아래 밭 있는 넝 알로 그대로 떠밀어 굴려 버렸다.

　“부려만 먹구 왜 성례 안 하지유!”

　나는 이렇게 호령했다. 허지만 장인님이 선뜻 오냐 낼이라두 성례시켜 주마, 했으면 나도 성가신 걸 그만두었을지 모른다. 나야 이러면 때린 건 아니니까 나중에 장인 쳤다는 누명도 안 들을 터이고 얼마든지 해도 좋다.

　한번은 장인님이 헐떡헐떡 기어서 올라오더니 내 바짓가랭이를 요렇게 노리고서 단박 웅켜잡고 매달렸다. 악, 소리를 치고 나는 그만 세상이 다 팽그르 도는 것이,

　“빙장님! 빙장님! 빙장님!”

　“이 자식! 잡아먹어라, 잡아먹어!”

　“아! 아! 할아버지! 살려 줍쇼, 할아버지! ”

　하고 두 팔을 허둥지둥 내절 적에는 이마에 진땀이 쭉 내솟고 인젠 참으로 죽나 보다 했다. 그래두 장인님은 놓질 않더니 내가 기어이 땅바닥에 쓰러져서 거진 까무러치게 되니까 놓는다. 더럽다, 더럽다. 이게 장인님인가? 나는 한참을 못 일어나고 쩔쩔맸다. 그러나 얼굴을 드니(눈엔 참 아무것도 보이지 않았다.) 사지가 부르르 떨리면서 나도 엉금엉금 기어가 장인님의 바짓가랭이를 꽉 움키고 잡아나꿨다.

내가 머리가 터지도록 매를 얻어맞은 것이 이 때문이다. 그러나 여기가 또한 우리 장인님이 유달리 착한 곳이다. 여느 사람이면 사정을 주어서라도 당장 내쫓았지, 터진 머리를 불솜으로 손수 지져 주고, 호주머니에 희연 한 봉을 넣어 주고 그리고,

"올 갈엔 꼭 성례를 시켜 주마. 암말 말구 가서 뒷골의 콩밭이나 얼른 갈아라."

하고 등을 뚜덕여 줄 사람이 누구냐. 나는 장인님이 너무나 고마워서 어느덧 눈물까지 났다.

점순이를 남기고 인젠 내쫓기려니 하다 뜻밖의 말을 듣고,

"빙장님! 인제 다시는 안 그러겠어유!"

이렇게 맹세를 하며 부랴사랴 지게를 지고 일터로 갔다. 그러나 이 때는 그걸 모르고 장인님을 원수로만 여겨서 잔뜩 잡아당겼다.

"아! 아! 이놈아! 놔라, 놔."

장인님은 헷손질을 하며 솔개미에 챈 닭의 소리를 연해 질렀다. 놓긴 왜, 이왕이면 호되게 혼을 내 주리라 생각하고 짓궂이 더 댕겼다. 마는 장인님이 땅에 쓰러져서 눈에 눈물이 피잉 도는 것을 알고 좀 겁도 났다.

"할아버지! 놔라, 놔, 놔, 놔, 놔."

그래도 안 되니까,

"얘, 점순아! 점순아!"

이 악장에 안에 있었던 장모님과 점순이가 헐레벌떡하고 단숨에 뛰어나왔다. 나의 생각에 장모님은 제 남편이니까 역성을 할는지도 모른다. 그러나 점순이는 내 편을 들어서 속으로 고수해서 하겠지……,

대체 이게 웬 속인지(지금까지도 난 영문을 모른다.) 아버질 혼내 주기는 제가 내래 놓고 이제 와서는 달겨들며,

"에그머니! 이 망할 게 아버지 죽이네!"

하고, 귀를 뒤로 잡아댕기며 마냥 우는 것이 아니냐. 그만 여기에 기운이 탁 꺾이어 나는 얼빠진 등신이 되고 말았다. 장모님도 덤벼들어 한쪽 귀마저 뒤로 잡아채면서 또 우는 것이다.

이렇게 꼼짝도 못 하게 해 놓고 장인님은 지게막대기를 들어서 사뭇 내려 조졌다. 그러나 나는 구태여 피하려지도 않고 암만 해도 그 속 알 수 없는 점순이의 얼굴만 멀거니 들여다보았다.

"이 자식! 장인 입에서 할아버지 소리가 나오도록 해?"

A

05. 등장인물에 대한 설명으로 적절한 것은?

① 장인은 나를 징역 보낼 마음이 있다.

② 점순이는 이중적인 태도를 보이고 있다.

③ 점순이는 나를 도와 장인에게 대들었다.

④ 나는 품삯을 받고 장인집에서 쫓겨났다.

⑤ 장모는 나와 점순의 혼례를 지지하고 있다.

06. 발화 상황으로 볼 때, 할아버지! 에 대한 설명으로 적절하지 <u>않은</u> 것은?

①	화자	나
②	청자	장인
③	지시 대상	장인
④	외적 갈등	비웃음
⑤	의도	고통스러워하며

07. [A]를 <보기>와 같이 시나리오로 바꾸었다. 설명이 적절한 것은?

─────────────〈 보기 〉─────────────

S# 19 점순네 마당

점순 (조금 떨어져 팔짱을 낀 채로) 그럴 줄 알았어요. 고인 물도 밟으면 솟구친다잖아요.

장모 (다급한 목소리로) 뭐어! 얘, 애, 점순아!

덕삼 (더 세게 힘주어 잡아당기며) 어서 혼례시켜 주세유!

장인 (충격을 받은 듯, 고통스런 어조로) 저, 저, 저, 저것이 미쳤나…….

덕삼 (조르는 듯한 어조로) 장인님 혼례 안 시키려면 차라리 징역 보내세요. 어서유.

장인 (체념한 듯) 알았어, 알았다고. 당장 성례시켜주마. 됐지? 이젠 놔라, 놔.

(C.U.) 점순 얼굴이 환하게 밝아지며, 얼굴에 웃음이 번진다.

─────────────────────────────────

① 작품의 공간적 배경을 추가로 설정하였다.

② 대화로 결말을 처리하여 여운을 남기고 있다.

③ 주요 인물의 태도가 바뀌어 갈등이 해소되었다.

④ 상징적 소재를 동원하여 주제를 부각시키고 있다.

⑤ 등장 인물을 추가하여 사건의 정보를 직접 제시하고 있다.

|||| 실전문제 | 황순원, 「소나기」　　　　　　　　　　　　　　　　2009/03/학평

다음 글을 읽고 물음에 답하시오.

소란하던 수숫잎 소리가 뚝 그쳤다. 밖이 멀개졌다.

수숫단 속을 벗어 나왔다. 멀지 않은 앞쪽에 햇빛이 눈부시게 내리붓고 있었다.

도랑 있는 곳까지 와 보니, 엄청나게 물이 불어 있었다. 빛마저 제법 붉은 흙탕물이었다. 뛰어 건너 수가 없었다.

소년이 등을 돌려 댔다. 소녀가 순순히 업히었다. 걷어 올린 소년의 잠방이까지 물이 올라왔다. ㉠소녀는 '어머나' 소리를 지르며 소년의 목을 끌어안았다.

개울가에 다다르기 전에, 가을 하늘이 언제 그랬는가 싶게 구름 한 점 없이 쪽빛으로 개어 있었다.

그 뒤로는 소녀의 모습이 뵈지 않았다. 매일같이 개울가로 달려와 봐도 뵈지 않았다.

학교에서 쉬는 시간에 운동장을 살피기도 했다. ㉡몰래 5학년 여자 반을 엿보기도 했다. 그러나 뵈지 않았다.

그 날도 소년은 주머니 속 흰 조약돌 만 만지작거리며 개울가로 나왔다. 그랬더니, 이 쪽 개울 둑에 소녀가 앉아 있는 게 아닌가.

소년은 가슴부터 두근거렸다.

"그 동안 앓았다."

어쩐지 소녀의 얼굴이 해쓱해져 있었다.

"그 날, 소나기 맞은 탓 아냐?"

소녀가 가만히 고개를 끄덕이었다.

"인제 다 났냐?"

"아직도……."

"그럼, 누워 있어야지."

"하도 갑갑해서 나왔다. …… 참, 그 날 재밌었어……. 그런데 그 날 어디서이런 물이 들었는

지 잘 지지 않는다.”

소녀가 분홍 스웨터 앞자락을 내려다본다. 거기에 검붉은 진흙물 같은 게 들어 있었다.

소녀가 가만히 보조개를 떠올리며,

A　　“그래 이게 무슨 물 같니?”

소년은 스웨터 앞자락만 바라보고 있었다.

“내, 생각해 냈다. 그 날, 도랑을 건너면서 내가 업힌 일이 있지? 그 때, 네 등에서 옮은 물이다.”

ⓒ소년은 얼굴이 확 달아오름을 느꼈다.

갈림길에서 소녀는

“저, 오늘 아침에 우리 집에서 대추를 땄다. 낼 제사 지내려고…….”

대추 한 줌을 내준다. 소년은 주춤한다.

“맛봐라. 우리 증조(曾祖) 할아버지가 심었다 는데, 아주 달다.”

소년은 두 손을 오그려 내밀며,

“참, 알도 굵다!”

　　　　　　　　…(중략)…

개울물은 날로 여물어 갔다.

소년은 갈림길에서 아래쪽으로 가 보았다. 갈밭머리에서 바라보는 서당골 마을은 쪽빛 하늘 아래 한결 가까워 보였다.

어른들의 말이, 내일 소녀네가 양평읍으로 이사 간다는 것이었다. 거기 가서는 조그마한 가겟방을 보게 되리라는 것이었다.

소년은 저도 모르게 주머니 속 호두알을 만지작거리며, 한 손으로는 수없이

갈꽃 을 휘어 꺾고 있었다.

그 날 밤, 소년은 자리에 누워서도 같은 생각뿐이었다. 내일 소녀네가 이사하는 걸 가 보나 어쩌나. 가면 소녀를 보게 될까 어떨까.

그러다가 까무룩 잠이 들었는가 하는데,

ⓓ“허, 참, 세상일도…….”

마을 갔던 아버지가 언제 돌아왔는지,

“윤 초시 댁도 말이 아니야. 그 많던 전답(田畓)을 다 팔아 버리고, 대대로 살아오던 집마저 남의 손에 넘기더니, 또 악상까지 당하는 걸 보면…….”

남폿불 밑에서 바느질감을 안고 있던 어머니가,

“증손(曾孫)이라곤 계집애 그 애 하나뿐이었지요?”

"그렇지. 사내애 둘 있던 건 어려서 잃어버리고……."

"어쩌면 그렇게 자식복이 없을까."

"글쎄 말이지. 이번 앤 꽤 여러 날 앓는 걸 약도 변변히 못 써 봤다더군. 지금 같아선 윤 초시 네도 대가 끊긴 셈이지……. 그런데 참, 이번 계집앤 어린 것이 여간 잔망스럽지가 않아. 글쎄, 죽기 전에 이런 말을 했다지 않아? ⑩자기가 죽거든 자기가 입던 옷을 꼭 그대로 입혀서 묻어 달라고……."

---

08. 위 글에 대한 설명으로 적절하지 <u>않은</u> 것은?

① 인물 간의 갈등이 선명하게 드러나 있다.

② 여운을 남기면서 사건을 마무리하고 있다.

③ 서정적이고 향토적인 분위기가 드러나 있다.

④ 대체로 호흡이 짧은 문장으로 서술하고 있다.

⑤ 대화와 행동을 중심으로 사건이 진행되고 있다.

09. ㉠~㉤에 대한 설명으로 적절하지 <u>않은</u> 것은?

① ㉠ : 소녀는 불어난 도랑물에 놀라움과 두려움을 느끼고 있다.

② ㉡ : 소년은 남의 눈을 의식하면서 소녀의 안부를 궁금해 하고 있다.

③ ㉢ : 소년은 소녀에게 무심했던 것에 대해 반성하고 있다.

④ ㉣ : 아버지는 소녀의 죽음에 대하여 연민을 느끼고 있다.

⑤ ㉤ : 소녀는 소년과의 추억을 영원히 간직하겠다는 마음을 표현하고 있다.

10. [A]를 <보기>와 같이 바꾸었다고 할 때, 그 이유로 가장 적절한 것은?

───────────〈 보기 〉───────────

소녀를 보는 순간, 가슴부터 두근거렸다.

"그 동안 앓았다."

어쩐지 소녀의 얼굴이 해쓱해 보였다. 걱정이 밀려왔다.

"그 날, 소나기 맞은 탓 아냐?"

소녀가 가만히 고개를 끄덕이었다.

나는 괜스레 미안한 마음이 들어,

"인제 다 났냐?"

소녀의 눈길을 피하며 조심스레 물었다.

"아직도…….."

소녀의 힘없는 대답에 가슴이 찡했다.

"그럼, 누워 있어야지."

나도 모르게 목소리에 힘을 주며 말했다.

"하도 갑갑해서 나왔다. …… 참, 그 날 재밌었어……. 그런데 그 날 어디서 이런 물이 들었는지 잘 지지 않는다."

소녀의 눈이 스웨터의 얼룩진 부분으로 내려가자, 내 눈은 저절로 그리로 따라 갔다. 검붉은 진흙물 같았다.

---

① 새로운 사건을 추가하여 결말을 암시하기 위해

② 장면을 생략하여 독자의 궁금증을 불러일으키기 위해

③ 사건의 진행 속도를 빠르게 하여 긴장감을 고조시키기 위해

④ 인물이 자신의 심리를 직접 제시하여 독자의 이해를 돕기 위해

⑤ 서술자의 개입을 약화시켜 사건 진술의 객관성을 높이기 위해

11. 다음은 인터넷 사이트에 〈소나기 문학관〉을 만들었다고 가정하고, 위 글의   한 부분을 바탕으로 쓴 홍보문이다. ⓐ~ⓓ 중, 위 글의 내용을 바르게 담아낸 것끼리 묶은 것은?

〈소나기 문학관〉에 오신 걸 환영합니다. 이제 여러분은 이곳에서 작품의 주인공이 되어 자신의 아바타를 만들어 갈 수 있습니다.

먼저 ⓐ소년이 소녀를 업고 건넜던 도랑이 여러분을 기다리고 있습니다. 이곳에서 소년과 소녀는 심리적으로 가까워짐을 느꼈습니다. 여러분은 이곳에서 소년, 소녀의 아바타를 얻게 됩니다.

ⓑ<u>소녀를 잊으려 애쓰던 소년은 주머니 속에 든 흰 조약돌 을 만지작거렸죠.</u> 이곳에서 흰 조약돌을 모으면 여러 아이템 중 예쁜 옷을 고르실 수 있습니다.

ⓒ<u>소녀는, 소년을 사랑하면서도 이별할 수밖에 없었던 현실을 이 대추 한 줌으로 받아들였습니다.</u> 이곳에서는 가방을 받게 됩니다.

ⓓ<u>갈꽃 도 준비했습니다. 소녀가 이사를 가게 된다는 사실을 알게 된 소년의 안타까운 마음을 느껴보세요.</u> 갈꽃 한 움큼을 잡으면 마음에 드는 신발을 고를 수 있습니다.

이곳 〈소나기 문학관〉은 소설의 감동과 함께 나만의 아바타를 만들어가며, 여러분이 함께 참여하는 곳입니다.

① ⓐ, ⓑ   ② ⓐ, ⓓ   ③ ⓑ, ⓒ

④ ⓑ, ⓓ   ⑤ ⓒ, ⓓ

||||| 실전문제 | 김유정,「봄봄」   **2009/03/학평**

다음 글을 읽고 물음에 답하시오.

우리가 구장님을 찾아갔을 때 그는 싸리문 밖에 있는 돼지우리에서 죽을 퍼 주고 있었다. 서울엘 좀 갔다 오더니 사람은 점잔해야 한다구 웃쉼이(얼른 보면 집웅 우에 앉은 제비 꼬랑지 같다.) 양쪽으로 뾰죽이 삐치고 그걸 에헴 하고 늘 쓰담는 손버릇이 있다. 우리를 멀뚱히 쳐다보고 미리 알아챘는지,

"왜 일들 허다 말구 그래?"

하드니 손을 올려서 그 에헴을 한 번 훅딱 했다.

"구장님, 우리 장인님과 츰에 계약하기를……."

먼저 덤비는 장인님을 뒤로 떼다밀고 내가 허둥지둥 달겨들다가 가만히 생각하고,

"아니, 우리 빙장님과 츰에……."

하고 첫 번부터 다시 말을 고쳤다. 장인님은 빙장님 해야 좋아하고 밖에 나와서 장인님 하면 괜스리 골을 낼라구 든다. 뱀두 뱀이래야 좋냐구, 창피스러우니 남 듣는 데는 제발 빙장님, 빙모님 하라구 일상 말조짐을 받아 오면서 난 그것두 자꾸 잊는다. 당장두 장인님 하다 옆에서 내 발등을 꾹 밟고 곁눈질을 흘기는 바람에야 겨우 알았지만……

　　구장님도 내 이야기를 자세히 듣드니 퍽 딱한 모양이었다. 하기야 구장님뿐만 아니라 누구든지 다 그럴 게다. 길게 길러 둔 새끼손톱으로 코를 후벼서 저리 탁 튀기며,

　　"그럼 봉필 씨! 얼른 성옐 시켜 주구려, 그렇게까지 제가하구 싶다는 걸……."하고 내 짐작대루 말했다. 그러나 이 말에 장인님이 삿대질로 눈을 부라리고 "아, 성례구 뭐구 기집애년이 미처 자라야 할 게 아닌가?"

　　하니까 고만 멀쑤룩해서 입맛만 쩍쩍 다실 뿐이 아닌가…….

　　"그것두 그래!"

　　"그래, 거진 사 년 동안에도 안 자랐다니 그 킨 은제 자라지유? 다 그만두구 사경 내슈……."

　　"글쎄, 이 자식아! 내가 크질 말라구 그랬니, 왜 날 보구 떼냐?"

　　"빙모님은 참새만한 것이 그럼 어떻게 앨 낳지유?(사실 장모님은 점순이보다도 귓배기가 하나가 적다.)"

　　장인님은 이 말을 듣고 껄껄 웃드니(그러나 암만 해두 돌 씹은 상이다.) 코를 푸는 척하고 날 은근히 골릴랴구 팔꿈치로 옆 갈비께를 퍽 치는 것이다. 더럽다. 나두 종아리의 파리를 쫓는 척하고 허리를 굽으리며 그 궁둥이를 콱 떼밀었다. 장인님은 앞으로 우찔근하고 싸리문께로 쓰러질 듯하다 몸을 바루 고치드니 눈총을 몹시 쏘았다. 이런 쌍년의 자식 하곤 싶으나 남의 앞이라서 참아 못하고 섰는 그 꼴이 보기에 퍽 쟁그러웠다.

　　그러나 이밖에는 별반 신통한 귀정을 얻지 못하고 도루 논으로 돌아와서 모를 부었다. 왜냐면, 장인님이 뭐라구 귓속말로 수군수군하고 간 뒤다. 구장님이 날 위해서 조용히 데리고 아래와 같이 일러 주었기 때문이다.(뭉태의 말은 구장님이 장인님에게 땅 두 마지기 얻어 부치니까 그래 꾀였다구 지만, 난 그렇게 생각 않는다.)

　　"자네 말두 하기야 옳지. 암, 나이 찼으니까 아들이 급하다는 게 잘못된 말은 아니야. 허지만, 농사가 한창 바쁠 때 일을 안 한다든가 집으로 달아난다든가 하면 손해죄루 그것두 징역을 가거든!(여기에 그만 정신이 번쩍 났다.) 왜 요전에 삼포 말서 산에 불 좀 놓았다구 징역 간 거 못 봤나. 제 산에 불을 놓아도 징역을 가는 이 땐데 남의 농사를 버려 주니 죄가 얼마나 더 중한가. 그리고 자넨 정장을(사경 받으러 정장 가겠다 했다.) 간대지만, 그러면 괜시리 죌 들쓰고 들어가는 걸세. 또, 결혼두 그렇지. 법률에 성년이란 게 있는데 스물하나가 돼야지 비로소 결혼을 할 수가 있는 걸세. 자넨 물론 아들이 늦일 걸 염려지만, 점순이루 말하면 인제 겨우 열여섯이 아닌가. 그렇지만 아까 빙장님의 말씀이 올 갈에는 열일을 제치고라두 성례를 시켜 주겠다 하시니 좀 고마울 겐가. 빨리 가서 모 붓든 거나 마저 붓게. 군소리 말구 어서 가……."

　　그래서 오늘 아츰까지 끽소리 없이 왔다.

　장인님과 내가 싸운 것은 지금 생각하면 전혀 뜻밖의 일이라 안 할 수 없다. 장인님으로 말하면 요즈막 작인들에게 행세를 좀 하고 싶다고 해서,

　"돈 있으면 양반이지 별 게 있느냐!"

　하고 일부러 아랫배를 툭 내밀고 걸음도 뒤틀리게 걷고 하는 이 판이다. 이까진 나쯤 뚜들기다 남의 땅을 가지고 머처럼 닦어 놓았든 가문을 망친다든가 할 어른이 아니다. 　또 나로 논지면 아무쪼록 잘 뵈서 점순이에게 얼른 장가를 들어야 하지 않느냐…….

---

12. 위 글에 대한 설명으로 가장 적절한 것은?

① 사건이 발생한 시기와 서술하는 시기가 일치하고 있다.
② 상징적 소재를 통해 주제를 암시적으로 드러내고 있다.
③ 여러 개의 삽화를 나열하여 주제 의식을 강화하고 있다.
④ 장면 전환을 통해 인물들 사이의 갈등이 해소되고 있다.
⑤ 특정 인물의 시각과 입장에서 서술하여 친근감을 주고 있다.

13. <보기>를 바탕으로 위 글을 감상한 내용으로 적절하지 <u>않은</u> 것은?

─────────────────〈 보기 〉─────────────────

　해학적 상황이 발생할 때, 독자는 우월한 정보 능력 때문에 해학적 상황을 투시하고 판단할 수 있다. 반면, 정보 결핍 상태에 있는 인물은 해학적 상황을 알아채지 못하고 그 상황을 사실로 받아들이게 된다. 해학적 상황에 빠진 인물이 해학적 상황을 불러일으킨 오해 · 음모 · 우연을 인식할 때까지 해학적 상황은 지속되고, 해학적 상황이 지속되는 한 그의 말과 행동은 웃음을 위한 재료가 된다.

──

① '장인'과 '구장'은 '나'를 해학적 상황에 빠뜨리는 공모자로군.
② '구장'이 '나'를 편들어 이야기를 한다고 '나'는 오해하고 있군.
③ '뭉태'는 우월한 정보를 가진 독자와 같은 처지에 있는 것이로군.
④ '나'는 음모의 진실을 알게 됨으로써 해학적 상황에서 벗어나는군.
⑤ '나'는 자신이 처한 해학적 상황을 알지 못하고 사실로 인식하고 있군.

다음 글을 읽고 물음에 답하시오.

[앞부분 줄거리] 일제 강점기에 징용에 끌려가 팔 하나를 잃은 만도는 전쟁에 나간 아들 진수가 돌아온다는 통지를 받고 마음이 들떠 정거장으로 나간다. 그러나 진수는 다리 하나를 잃은 채 나타나고, 만도는 눈앞이 아찔해진다. 속이 상한 만도는 돌아오는 길에 주막에 들러 술을 마신다.

주막을 나선 그들 부자는 논두렁 길로 접어들었다. 아까와 같이 만도가 앞장을 서는 것이 아니라 이번에는 진수를 앞세웠다. 지팡이를 짚고 찌우뚱찌우뚱 앞서 가는 아들의 뒷모습을 바라보며, 팔뚝이 하나밖에 없는 아버지가 느릿느릿 따라가는 것이다. 손에 매달린 고등어가 대고 달랑달랑 춤을 춘다. 너무 급하게 들이부어서 그런지, 만도의 뱃속에서는 우글우글 술이 끓고 다리가 휘청거린다. 콧구멍으로 더운 숨을 훅훅 내뿜어 본다. 정신이 아른거린다. 좋다.

"진수야!"

"예."

"니 우짜다가 그래 됐노?"

"전쟁하다가 이래 안 됐심니꼬, 수루탄 쪼가리에 맞았심더."

"수루탄 쪼가리에?"

"예."

"음……."

"얼른 낫지 않고 막 썩어 들어가기 땜에 군의관이 짤라 버립디더. 병원에서예."

"……."

"아부지!"

"와?"

"이래 가지고 나 우째 살까 싶습니더."

"우째 살긴 뭘 우째 살아. 목숨만 붙어 있으면 다 사는 기다. 그런 소리 하지 마라."

"……."

"나 봐라, 팔뚝이 하나 없이도 잘만 안 사나. 남 봄에 좀 덜 좋아서 그렇지, 살기사 왜 못 살아."

"차라리 아부지같이 팔이 하나 없는 편이 낫겠어예. 다리가 없어 노니 첫째 걸어댕기기에 불편해서 똑 죽겠심더."

"야야, 안 그렇다. 걸어댕기기만 하면 뭐하노. 손을 지대로 놀려야 일이 뜻대로 되지."

"그럴까예?"

“그렇다니. 그러니까 집에 앉아서 할 일은 니가 하고, 나댕기메 할 일은 내가 하고, 그라면 안 되겠나, 그제?”

“예.”

진수는 가벼운 한숨을 내쉬며 아버지를 돌아보았다. 만도는 돌아보는 아들의 얼굴을 향해서 지그시 웃어 주었다.

…(중략)…

개천 둑에 이르렀다. 외나무다리가 놓여 있는 그 시냇물이다. 진수는 슬그머니 걱정이 되었다. 물은 그렇게 깊은 것 같지 않지만, 밑바닥이 모래흙이어서 지팡이를 짚고 건너가기가 만만할 것 같지 않기 때문이다. 외나무다리 위로는 도저히 건너갈 재주가 없고…… 진수는 하는 수 없이 둑에 퍼지고 앉아서 바짓가랑이를 걷어 올리기 시작했다. 만도는 잠시 멀뚱히 서서 아들의 하는 양을 내려다보고 있다가,

“진수야, 그만두고 자아 업자.”

하는 것이었다.

“업고 건느면 일이 다 되는 거 아니가. 자아 이거 받아라.”

고등어 묶음을 진수 앞으로 민다.

“…….”

진수는 퍽 난처해 하면서 못 이기는 듯이 그것을 받아 들었다. 만도는 등어리를 아들 앞으로 갖다 대고, 하나밖에 없는 팔을 뒤로 버쩍 내밀며,

“자아 어서!”

진수는 지팡이와 고등어를 각각 한 손에 쥐고, 아버지의 등어리로 가서 슬그머니 업혔다. 만도는 팔뚝을 뒤로 돌려서 아들의 하나뿐인 다리를 꼭 안았다. 그리고

“팔로 내 목을 감아야 될 끼다.”

했다. 진수는 무척 황송한 듯 한쪽 눈을 찍 감으면서 고등어와 지팡이를 든 두 팔로 아버지의 굵은 목줄기를 부둥켜안았다.

만도는 아랫배에 힘을 주며, 끙! 하고 일어났다. 아랫도리가 약간 후들거렸으나 걸어갈 만은 했다. 외나무다리 위로 조심조심 발을 내디디며 만도는 속으로,

'이제 새파랗게 젊은 놈이 벌써 이게 무슨 꼴고. 세상을 잘못 만나서 진수 니 신세도 참 똥이다 똥.' 이런 소리를 주워섬겼고, 아버지의 등에 업힌 진수는 곧장 미안스러운 얼굴을 하며, '나꺼정 이렇게 되다니 아부지도 참 복도 더럽게 없지. 차라리 내가 죽어 버렸더라면 나았을 낀데…….' 하고 중얼거렸다.

> 　　만도는 아직 술기가 약간 있었으나, 용케 몸을 가누며 아들을 업고 외나무다리를 조심조심
> 　건너가는 것이었다.
> 　　눈앞에 우뚝 솟은 용머리재가 이 광경을 가만히 내려다보고 있었다.

14. 위 글에 대한 설명으로 가장 적절한 것은?

① 과거와 현재가 교차하고 있다.

② 장면에 따라 서술자를 달리하고 있다.

③ 대화와 심리 묘사가 함께 나타나 있다.

④ 인물 간의 대결 의식을 드러내고 있다.

⑤ 사건 전개에 따라 분위기가 긴박해지고 있다.

15. 위 글의 　　　　에 대한 이해로 적절하지 <u>않은</u> 것은?

① 찌우뚱찌우뚱 : 진수가 불안하게 걷는 모습을 드러내는 것이겠군.

② 지그시 : 만도의 웃음이 울분을 억누르고 있음을 강조하는 것이겠군.

③ 버쩍 : 몸짓으로 아들의 행동을 촉구하고 있음을 보여 주는 것이겠군.

④ 꼭 : 아들에 대한 아버지의 애정을 보여 주는 것이겠군.

⑤ 찍 : 아버지에게 업혀야 하는 아들의 미안함을 드러내는 것이겠군.

16. [A]를 영화로 제작하기 위한 회의에서 연출자가 요구할 내용으로 적절하지 <u>않은</u> 것은?

① 음향 감독은 다리 위에서 만도의 목소리만 나오는 부분이 있으니 미리 녹음해 주세요.

② 만도 역을 맡은 배우는 외나무다리를 건널 때 아슬아슬한 느낌이 들도록 연기해 주세요.

③ 카메라 감독은 마지막 장면에서 용머리재가 두 사람을 바라보는 느낌이 살도록 촬영해 주세요.

④ 진수 역을 맡은 배우는 술에 취해 비틀거리는 만도를 언짢아하는 마음이 잘 드러나도록 연기해
　주세요.

⑤ 카메라 감독은 만도가 진수를 업고 일어서는 장면에서 힘을 쓰는 만도의 얼굴 표정이 부각되도록
　촬영해 주세요.

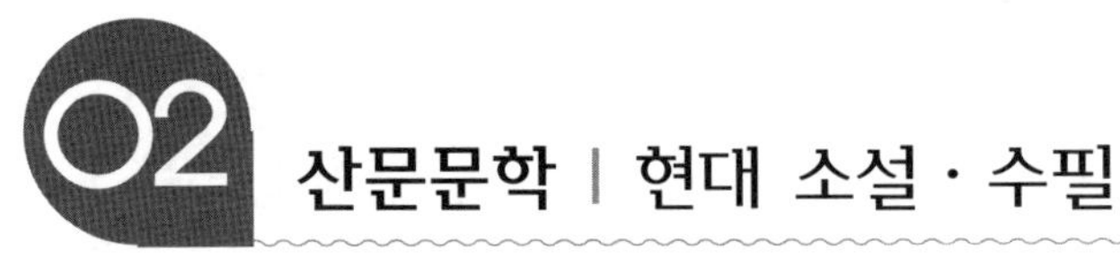

다음 글을 읽고 물음에 답하시오.

[앞부분 줄거리] 동길이는 사친회비를 제때에 내지 못해 학교에서 쫓겨난다. 그러던 어느 날 한국전쟁 노무자로 징용당했던 아버지가 한쪽 팔을 잃은 채 2년 만에 돌아온다. 목수였던 아버지는 그 일을 할 수 없게 되자 극장에 취직을 하게 된다. 다음 날 아침 아버지는 종이로 수염을 만든다.

삼거리에 이르렀을 때였다. 동길이는 눈이 번쩍 뜨였다. 참 희한한 것을 보았기 때문이다. 저만큼 먼 거리였으나 얼른 보아 그것이 무슨 광고판이라는 것을 알 수 있었다. 가마니 한 장만이나 한 크기일까? 그런 광고판이 길 한가운데를 이쪽으로 걸어오고 있는 것이었다. 그 움직이는 광고판을 따라 우르르 아이들이 떠들어 대며 몰려 오고 있었다. 동길이는 저도 모르게 뛰고 있었다. 차츰 가까워지면서 보니 그것은 틀림없는 광고판이었다. 그러나 그 광고판에는 다리가 두 개 달려 있고, 머리도 하나 붙어 있었다.

사람이었다. 사람이 가슴 앞에 큼직한 광고판을 매달고 걸어오고 있는 것이었다. 등에도 똑같은 광고판을 짊어지고 있는 듯했다. 머리에는 알롱달롱하고 쭈뼛한 고깔을 쓰고 있었고, 얼굴에는 밀가룬지 뭔지 모를 뿌연 분이 덕지덕지 칠해져 있었다. 그리고 턱에는 수염이 허옇게 나부끼고 있었다. 아주 늙은 노인인 것 같기도 했고, 어찌 보면 그렇지 않은 듯도 했다.

이 희한한 사람이 간간이 또 메가폰을 입에다 갖다 대고, 뭐라고 빽빽 소리를 질러 대는 것이 아닌가. 재미있는 구경거리가 아닐 수 없었다.

"야아, 오늘 밤의, 아아, 오늘 밤의 활동사진은 쌍권총을 든 사나이, 아아, 쌍권총을 든 사나이. 많이 구경하러 오이소! 많이많이 구경하러 오이소!"

그러고는 쑥스러운 듯 얼른 메가폰을 입에서 떼어 버리는 것이었다. 그럴라치면 이번에는 아이들이 제가끔 목소리를 돋우어,

"아아, 오늘 밤에는 쌍권총을 든 사나이." "아아, 쌍권총을 든 사나이, 구경하러 오이소."

"아아, 오늘 밤에 많이많이 구경하러 오이소."

하고 떠들어 댔다.

동길이는 공연히 즐거웠고, 가슴이 울렁거렸다. 우뚝 멈추어 서서 우선 광고판의 그림부터 바라보았다. 시꺼먼 안경을 낀 코쟁이가 큼직한 권총을 두 자루 양쪽 손에 쥐고 있는 그림이었다. 노란 머리카락과 새파란 눈깔을 가진 여자도 하나 윗도리를 거의 벗은 것처럼 하고 권총을 든 사나이 등 뒤에 납작 붙어 있었다. 괴상한 그림이었다.

　“아아, 쌍권총을 든 사나이, 아아, 오늘 밤의 활동사진은 쌍권총을 든 사나이, 많이 구경 오이소! 많이많이 구경 오이소!”

　그리고 메가폰을 입에서 뗀 그 희한한 사람의 시선이 동길이의 시선과 마주쳤다. 순간 동길이의 가슴이 철렁 내려앉고 말았다. 뒤통수를 야물게 한 대 얻어맞은 것 같았다. 그리고 눈물이 핑 돌았다. 어처구니가 없었다. 그 희한한 사람이 바로 아버지였던 것이다.

　아버지는 동길이와 눈이 마주치자 약간 멋쩍은 듯했다. 그러고는 얼른 시선을 돌려 버리는 것이었다. 동길이는 코끝이 매워 오며 뿌옇게 눈앞이 흐려져 갔다. 아이들은 더욱 신명이 나서 떠들어 댄다.

　“아아, 오늘 밤에는 쌍권총입니다.”

　“아아, 쌍권총을 든 사나이 재미가 있습니다.”

　이런 소리에 섞여 분명히,

　“동길아! 느그 아부지다. 느그 아부지 참 멋쟁이다.”

　하는 소리가 동길이의 귓전을 때렸다. 용돌이란 놈의 목소리에 틀림없었다. 동길이는 온몸의 피가 얼굴로 치솟는 듯했다. 주먹으로 아무렇게나 눈물을 뿌리쳤다. 뿌옇던 눈앞이 확 트이며 얼른 눈에 들어온 것은 소리를 지른 용돌이 아닌 창식이란 놈이었다. 요놈이 나무꼬챙이를 가지고 아버지의 수염을 곧장 건드리면서,

　“진짜 아이다야. 종이로 만든 기다, 종이로.”

　하고 켈켈 웃어쌓는 것이 아닌가. 동길이는 가슴속에 불이 확 붙는 것 같았다. 순간 동길이의 눈은 매섭게 빛났다. 이미 물불을 가릴 계제가 아니었다.

　살쾡이처럼 내달을 따름이었다.

　“으악!”

　비명 소리와 함께 길바닥에 나가 떨어진 것은 물론 창식이였다. 개구리처럼 뻗었다. 그러나 동길이는 그 위에 덮쳐서 사정없이 마구 깔고 문댔다.

　“아이크, 아야야야…… 캥!”

　창식이의 얼굴은 떡이 되는 판이었다. 아이들은 덩달아서 와아와아 소리를 지르며 떠들어 댔다. 동길이 아버지는 두 눈이 휘둥그래지며 손에서 메가폰을 떨어뜨렸다. 어찌 된 영문인지 알 수가 없었다. 창식이는 이제 소리도 지르지 못하고 윽! 윽! 넘어가고 있었다.

　“와 이카노? 와 이카노? 와 이캐?”

　동길이 아버지는 후닥닥 광고판을 벗겨 던졌다. 그리고 하나 남은 손을 내저으며 어쩔 줄을 몰라 했다. 턱에 붙였던 수염이, 실밥이 떨어져서 흰 종이 수염이 가슴 앞에 매달려 너풀너풀 춤을 춘다.

　“이누무 자식이 미쳤나, 와 이카노, 와 이캐 잉?”

17. 위 글에 대한 설명으로 적절하지 <u>않은</u> 것은?

① 사투리를 사용하여 사실성을 높이고 있다.

② 과거와 현재를 넘나들며 이야기를 전개하고 있다.

③ 이야기의 진행에 따라 인물의 감정이 변화하고 있다.

④ 시대적 상황을 짐작할 수 있게 하는 소재가 드러나 있다.

⑤ 작품 밖의 서술자가 인물의 심리와 행동을 서술하고 있다.

18. 다음은 '동길이'가 쓴 일기이다. 위 글의 내용으로 보아 적절하지 <u>않은</u> 것은?

> 오늘 학교 갔다 돌아오는 길에 아버지를 만났다.
>
> 영화를 선전하는 광대의 메가폰 소리가 요란해서 ①무얼까 하는 호기심에 가까이 달려갔다. 그런데 글쎄 아버지가 우스꽝스러운 모습으로 광고판 노릇을 하고 있는 것이 아닌가. ②생각하지도 못했던 일이라 너무나 놀랐다. 아버지는 왜 하고많은 일 중에 하필 그런 일을 하는지……. 더군다나 ③나를 무시하는 아버지에게 화가 났다. 그런데 더 화가 나는 것은 창식이가 아버지의 수염을 가지고 장난을 친 것이다. ④아버지를 놀리는 창식이의 행동을 참을 수가 없었다. 있는 힘을 다해 창식이를 때려눕혔다. ⑤아버지가 놀라 소리를 질렀다. 겨우 진정이 되기는 했지만 앞으로 우리 아버지를 놀리는 놈들은 가만두지 않을 테다.

|||| 실전문제 | 박완서,「자전거 도둑」   2008/09/학평

다음 글을 읽고 물음에 답하시오.

> [앞부분의 줄거리] 수남이는 청계천 전기 용품 도매상에서 일하는 성실한 열여섯 살의 점원이다. 어느 날 배달 가서 세워 놓은 자전거가 바람에 넘어져 고급 승용차에 흠집을 낸다. 승용차 주인은 수리비로 오천 원을 요구하며 자전거 바퀴를 자물쇠로 채워 놓는다.

수남이는 바보가 돼 버린 아이처럼 조용히 ㉠멍청히 서 있었다. 누군가가 나직이 속삭였다.

"토껴라 토껴. 그까짓 것 갖고 토껴라."

그것은 악마의 속삭임처럼 은밀하고 감미로웠다. 수남이의 가슴은 크게 뛰었다. 이번에는 좀 더 점잖고 어른스러운 소리가 나섰다.

"그래라, 그래. 그까짓 거 들고 도망가렴. 뒷일은 우리가 감당할게."

그러자 모든 구경꾼이 수남이의 편이 되어 와글와글 외쳐 댔다.

"도망가라, 어서어서 자전거를 번쩍 들고 도망가라, 도망가라."

수남이는 자기편이 되어 준 이 많은 사람들을 도저히 배반할 수 없었다. 이상한 용기가 솟았다. 수남이는 자전거를 마치 검부러기처럼 가볍게 옆구리에 끼고 질풍같이 달렸다.

정말이지 조금도 안 무거웠다. 타고 달릴 때보다 ㉡더 신나게 달렸다. 달리면서 마치 오래 참았던 오줌을 시원스레 내깔기는 듯한 쾌감까지 느꼈다.

주인 영감님은 자전거를 옆에 끼고 질풍처럼 달려온 놈을 눈을 휘둥그렇게 뜨고 바라볼 뿐이었다. 오늘 바람이 세더니만 필시 이 조그만 놈이 바람에 날아왔나, 설마 그럴 리야 없을 텐데 내 눈이 어떻게 된 것인가 그런 눈치였다.

수남이는 너무 숨이 차서 이런 주인 영감님의 궁금증을 시원히 풀어 주지 못하고 한동안 헉헉대기만 한다.

"임마, 말을 해. 무슨 일이야? 네놈 꼴이 영락없이 도둑놈 꼴이다, 임마."

도둑놈 꼴이라는 소리가 수남이의 가슴에 가시처럼 걸린다. 수남이는 겨우 숨을 가라앉히고 자초지종을 주인 영감님께 고해 바친다. 다 듣고 난 주인 영감님은 무엇이 그리 좋은지 무릎을 치면서 통쾌해 한다.

"잘 했다, 잘 했어. 맨날 촌놈인 줄만 알았더니 제법인데, 제법이야."

그리고는 가게에서 쓰는 드라이버니 펜치를 가지고 자전거에 채운 자물쇠를 분해하기 시작한다. 엎드려서 그 짓을 하고 있는 주인 영감님이 수남이의 눈에 흡사 도둑놈 두목 같아 보여 속으로 정이 떨어진다. 주인 영감님 얼굴이 ⓐ누런 똥빛인 것조차 지금 깨달은 것 같아 속이 메스껍다.

마침내 자물쇠를 깨뜨렸나 보다. 영감님 얼굴에 회심의 미소가 떠오르더니 자유롭게 된 자전거 바퀴를 시험이라도 하려는 듯이 자전거로 골목을 한 바퀴 빙그르르 돌아 들어와서는,

"네놈 오늘 운 텄다."

그리고는 수남이의 머리를 쓰다듬고 볼과 턱을 두둑한 손으로 귀여운 듯이 감싼다. 영감님이 기분이 좋을 때면 수남이에 대한 애정의 표시로 으레 그렇게 했었고, 수남이도 그걸 좋아했었다.

그런데 오늘은 싫다. 영감님의 손이 싫다. 그것이 운 트기는커녕 재수 옴 붙었다는 생각이 여전

하고, 수남이는 그 날 온종일 우울했다. 그러나 자기가 왜 그렇게 우울한지 그걸 차분히 생각할 새도 없는 바쁜 하루였다.

가게 문을 닫고 주인댁에서 날라 온 저녁밥을 먹고 나면 비로소 수남이 혼자만의 시간이다. 꿀 같은 시간이었다. 책을 펴 놓고 영어 단어를 찾고, 수학 문제를 풀어 보고, 턱을 괴고 소년답게 감미로운 공상에 잠길 수 있는 그런 시간이었다.

그러나 오늘 수남이는 그게 되지를 않았다. ⓒ책을 집어던졌다.

낮에 내가 한 짓은 옳은 짓이었을까? 옳을 것도 없지만 나쁠 것은 또 뭔가. 자가용까지 있는 주제에 나 같은 아이에게 오천 원을 우려내려고 그렇게 간악하게 굴던 신사를 그 정도 골려 준 것이 뭐가 나쁜가? 그런데도 왜 무섭고 떨렸던가. 그때의 내 꼴이 어땠으면, 주인 영감님까지 "네놈 꼴이 꼭 도둑놈 꼴이다."고 하였을까.

그럼 내가 한 짓은 도둑질이었단 말인가. 그럼 나는 도둑질을 하면서 그렇게 기쁨을 느꼈더란 말인가.

수남이는 몸을 부르르 떨면서 낮에 자전거를 갖고 달리면서 맛본 공포와 함께 그 까닭 모를 쾌감을 회상한다. 마치 참았던 오줌을 내깔길 때처럼 무거운 억압이 갑자기 풀리면서 전신이 날아갈 듯이 가벼워지는 그 상쾌한 해방감 — 한번 맛보면 도저히 잊혀질 것 같지 않은 그 짙은 쾌감, 아아 도둑질하면서도 나는 죄책감보다는 쾌감을 더 짙게 느꼈던 것이다.

혹시 내 피 속에 도둑놈의 피가 흐르고 있기 때문이 아닐까. 순간 수남이는 방바닥에서 송곳이라도 치솟은 듯이 후닥닥 일어서서 안절부절을 못하고 ⓔ좁은 방안을 헤맸다.

수남이의 눈앞에는 수갑을 차고, 순경들에게 끌려 와 도둑질 흉내를 그대로 내보이던 형의 얼굴이 환히 떠오른다. 그리고 서울 가서 무슨 짓을 하든지 도둑질만은 하지 말라고 신신당부하던 아버지의 얼굴도 떠오른다.

(중략)

소년은 아버지가 그리웠다. 도덕적으로 자기를 견제해 줄 어른이 그리웠다. 주인 영감님은 자기가 한 짓을 나무라기는커녕 손해 안 난 것만 좋아서 "오늘 운 텄다."고 좋아하지 않았던가.

수남이는 ⓜ짐을 꾸렸다. 아아, 내일도 바람이 불었으면. 바람이 물결치는 보리밭을 보았으면.

마침내 결심을 굳힌 수남이의 얼굴은 ⓑ누런 똥빛이 말끔히 가시고, 소년다운 청순함으로 빛났다.

19. <보기>를 [A]로 바꿔 썼다고 가정할 때, 그 효과로 적절하지 <u>않은</u> 것은?

─────────────〈 보기 〉─────────────

그러나 오늘 수남이는 그게 되지를 않았다. 책을 집어던졌다. 그리고 저녁 내내 안절부절못했다.

① 인물이 갈등하는 이유가 선명해졌다.

② 독자가 상상할 수 있는 여지가 넓어졌다.

③ 인물의 내면 심리가 보다 세밀하게 표현되었다.

④ 다른 인물의 말이 추가되어 갈등의 초점이 부각되었다.

⑤ 자문하는 부분이 추가되어 고민하는 모습이 강화되었다.

20. ⓐ와 ⓑ의 상징적 의미로 가장 적절한 것은?

① 물질만능주의에 빠진 기성세대에 대한 불신과 반감

② 도덕이나 양심보다 이익을 중시하는 삶의 태도

③ 험난한 세상을 꿋꿋하게 헤쳐 나가려는 자세

④ 사회적 규범에 억눌린 인간의 원초적 본성

⑤ 궁핍한 삶으로 인해 상실된 인간의 윤리

21. ㉠~㉤에 담긴 심리나 태도에 대한 설명으로 적절하지 <u>않은</u> 것은?

	행동		심리 및 태도
①	㉠ 멍청히 서 있었다.	⇨	당황하여 어떻게 해야 할지 몰라 함.
②	㉡ 더 신나게 달렸다.	⇨	구경꾼들로부터 벗어난 데서 오는 홀가분한 느낌.
③	㉢ 책을 집어 던졌다.	⇨	낮에 한 행동으로 인해 마음이 편하지 않음.
④	㉣ 좁은 방안을 헤맸다.	⇨	불편한 심정으로 마음의 갈피를 잡지 못함.
⑤	㉤ 짐을 꾸렸다.	⇨	불편한 심정이 해소되었음.

다음 글을 읽고 물음에 답하시오.

　　동대문 맞은편 길가에 앉아서 방망이를 깎아 파는 노인이 있었다. 방망이를 한 벌 사 가지고 가려고 깎아 달라고 부탁을 했다. 값을 굉장히 비싸게 부르는 것 같았다. 좀 싸게 해 줄 수 없느냐고 했더니,

　　"방망이 하나 가지고 에누리하겠소? 비싸거든 다른 데 가 사우."

　　대단히 무뚝뚝한 노인이었다. 더 깎지도 못하고 잘 깎아나 달라고만 부탁했다. 그는 잠자코 열심히 깎고 있었다. 처음에는 빨리 깎는 것 같더니, 저물도록 이리 돌려보고 저리 돌려보고 굼뜨기 시작하더니, 이내 마냥 늑장이다. 내가 보기에는 그만하면 다 됐는데, 자꾸만 더 깎고 있다.

　　인제 다 됐으니 그냥 달라고 해도 못 들은 척이다. 차 시간이 바쁘니 빨리 달라고 해도 통 못 들은 척 대꾸가 없다. 사실 차 시간이 빠듯해 왔다. 갑갑하고 지루하고 인제는 초조할 지경이다. 더 깎지 아니해도 좋으니 그만 달라고 했더니, 화를 버럭 내며 "끓을 만큼 끓어야 밥이 되지, 생쌀이 재촉한다고 밥 되나." 나도 기가 막혀서 "살 사람이 좋다는데 무얼 더 깎는다는 말이오. 노인장 외고집이시구먼. 차 시간이 없다니까." 노인은 퉁명스럽게 "다른 데 가서 사우, 난 안 팔겠소." 하고 내뱉는다. 지금까지 기다리고 있다가 그냥 갈 수도 없고, 차 시간은 어차피 틀린 것 같고 해서, 될 대로 되라고 체념할 수밖에 없었다. "그럼, 마음대로 깎아 보시오." "글쎄, 재촉을 하면 점점 거칠고 늦어진다니까. 물건이란 제대로 만들어야지, 깎다가 놓치면 되나." 좀 누그러진 말씨다. 이번에는 깎던 것을 숫제 무릎에다 놓고 태연스럽게 곰방대에 담배를 피우고 있지 않는가. 나도 고만 지쳐 버려 구경꾼이 되고 말았다. 얼마 후에 노인은 또 깎기 시작한다. 저러다가는 방망이는 다 깎아 없어질 것만 같았다. 또 얼마 후에 방망이를 들고 이리저리 돌려보더니 다 됐다고 내 준다. 사실 다 되기는 아까부터 다 돼 있던 방망이다.

　　차를 놓치고 다음 차로 가야 하는 나는 불쾌하기 짝이 없었다. '그 따위로 장사를 해 가지고 장사가 될 턱이 없다. 손님 본위가 아니고 제 본위다. 그래 가지고 값만 되게 부른다. 상도덕(商道德)도 모르고 불친절하고 무뚝뚝한 노인이다.' 생각할수록 화증이 났다. 그러다가 뒤를 돌아다보니 노인은 태연히 허리를 펴고 동대문 지붕 추녀를 바라보고 섰다. 그 때, 바라보고 섰는 옆모습이 어딘지 모르게 노인다워 보이고 부드러운 눈매와 흰 수염에 내 마음은 약간 누그러졌다. 노인에 대한 멸시와 증오도 감쇄(減殺)*된 셈이다.

　　집에 와서 방망이를 내놨더니 아내는 이쁘게 깎았다고 야단이다. 집에 있는 것보다 참 좋다는 것이다. 그러나 나는 전의 것이나 별로 다른 것 같지가 않았다. 그런데 아내의 설명을 들어보면 배가

너무 부르면 다듬다가 옷감을 치기를 잘 하고, 같은 무게라도 힘이 들며, 배가 너무 안 부르면 다듬 잇살이 펴지지 않고 손에 헤먹기가* 쉽단다. 요렇게 꼭 알맞은 것은 좀체로 만나기가 어렵다는 것이 다. 나는 비로소 마음이 확 풀렸다.

(중략)

　옛날 사람들은 흥정은 흥정이요 생계는 생계지만, 물건을 만드는 그 순간만은 오직 아름다운 물 건을 만든다는 그것에만 열중했다. 그리고 스스로 보람을 느꼈다. 그렇게 순수하게 심혈을 기울여 공 예 미술품을 만들어 냈다. 이 방망이도 그런 심정에서 만들었을 것이다. 나는 그 노인에 대해서 죄를 지은 것 같은 괴로움을 느꼈다. "그 따위로 해서 무슨 장사를 해 먹는담." 하던 말은 "그런 노인이 나 같은 청년에게 멸시와 증오를 받는 세상에서 어떻게 아름다운 물건이 탄생할 수 있담." 하는 말 로 바뀌어졌다.

---

22. 이 글을 <보기>와 같이 정리했을 때, 적절하지 <u>않은</u> 것은?

〈 보기 〉

상황		'ㄴ'의 심리
여유를 부리며 방망이를 깎는 노인	–	ⓐ 갑갑하고 초조해짐
⇩		⇩
'나'의 재촉을 무시하는 노인	–	ⓑ 점점 기분이 나빠짐
⇩		⇩
동대문 추녀를 바라보는 노인	–	ⓒ 노인에 대해 불쾌감이 줄어듦
⇩		⇩
방망이에 대해 아내의 말을 들음	–	ⓓ 노인에게 동정심을 느낌
⇩		⇩
노인을 대했던 나의 태도를 돌이켜 봄	–	ⓔ 노인에게 미안함을 느낌

① ⓐ　　　　② ⓑ　　　　③ ⓒ　　　　④ ⓓ　　　　⑤ ⓔ

다음 글을 읽고 물음에 답하시오.

자라 묻는 말이,

"그대는 뉘라 하오?"

호랑이 기가 막혀,

"네가 내 근본을 알려 하느냐? 나는 산신 가운데 영물이요, 백수 가운데 우두머리 산군(山君)이라. 이름을 호랑이라 하니 너는 무엇이냐?"

자라 엉겁결에,

"소어(小魚)는 자라로소이다."

호랑이 듣더니,

"옳다, 좋다. 내 평생에 원하기를 왕배탕(王背湯)이더니 오늘날 만났구나. 통째로 삼키면 배 속에 들어가 저절로 왕배탕이 되리로다. 어흥, 좋다. 자라라니 반갑도다."

칠 년 대한(大旱) 가뭄 만나 빗발 보고 반기는 듯, 구 년 홍수 장맛날에 햇빛 보고 반기는 듯, 천리 타향에서 벗을 만난다고 반기는 듯, 부모 여읜 어린아이 친척 보고 반기는 듯, 이십에 시집 못 간 노처녀가 신랑 보고 반기는 듯, 삼십 전에 홀아비 되어 과부 보고 좋아하듯, 한창 이리 좋아할 때, 자라가 왕배탕이란 말은 못 듣고 반갑다는 말만 듣고 속마음에, '이런! 나를 보고 저리 좋아하니 나하고 촌수가 있나보다.' 하고,

"그대 나와 몇 촌이나 되오?"

호랑이 이른 말이,

"네가 자라라니 내 배 속과 촌수가 있느니라."

"그러면 먹는다는 말이오?"

"먹어도 통째 삼키겠다."

"옳다, 잘 죽는다. 자라 아니오."

"그러면 무엇이냐?"

"남생이요."

"남생이면 더욱 좋다. 백운 청산 구름 안개 속에 분별없이 다니더니 습각증(濕脚症)*이 급하여서 명의더러 물어보니 남생이가 마땅하다 하기에 한번 보기를 원하였더니라."

"그러면 남생이도 아니오."

"그러면 무엇이냐?"

"두꺼비로다."

"그러면 더욱 좋다. 너를 삶아 술에 타 먹으면 담 걸리는 데 즉효로다."

자라가 기가 막혀 우는 말이,

"못 보것네, 못 보것네, 병든 용왕 못 보것네. 나의 충성 부족던가, 나의 정성 부족던가? 객사 신세 자라 팔자 이 아니 불쌍한가? 밝은 하늘 감동하여 백호를 죽여 주오. 애고애고 설운지고."

이렇듯이 슬피 우니 호랑이 듣고,

"이놈 무슨 내게 해로운 소리만 하느냐?"

자라 생각하되, '왕명을 받들고 만 리 밖에 나와 이 지경을 당하니, 한번 죽어지면 죽을 것도 없는 것이라. 먹지 못할 것이 없이 몽땅 잡아먹는다 하니, ㉠내 한번 고깃값이나 하리라.' 하고 모진 마음을 굳게 먹고,

"어따, 네가 내 근본을 알려느냐?"

하며 호랑이의 앞턱을 냅다 물고 매달리니, 호랑이,

"애고 놓아라, 아니 먹으마."

자라 놓고 나앉으며 움츠렸던 목을 길게 빼어 염려 없이 기세를 보이니, 호랑이 보더니,

"이크 장사 갑주(甲冑)** 속에 방망이총 나온다."

하며 저만치 물러앉으니 자라가 호랑이 질려하는 낌새를 알고,

"그대가 내 근본을 자세히 아는가? 나는 수국 충신 간의대부 겸 시랑 별주부 별 나리라 하네."

호랑이 무식하여 자라 별(鱉) 자 못 알아듣고 무수히 새겨,

"별 나리, 별 나리, 그저 나리도 무섭다 하되 별(別) 나리라니 더 무섭다. 생긴 모양보다는 벼슬은 높고 찬란한데, 이곳에는 어찌 나왔는가?"

자라 대답하되,

"이곳 나오게 된 근본을 알려나?"

"어디 좀 알아 보세."

"우리 수궁이 퇴락하여 새로 다시 지은 후에, 천여 칸 기와를 내 손으로 이어갈 때, 추녀 끝에 돌아가다 한 발길 미끄러져 공중에서 뚝 떨어져 빙빙 돌아 내려오다 목으로 쩔꺽 내리박혔기로, 명의더러 물어보니 호랑이 쓸개가 약이 된다 하기에 벽력장군 앞세우고 도로랑 귀신과 호랑이 사냥 나왔으니, 그대가 호랑이라 불리면 쓸개 한 보 못 주겠나? 도로랑 귀신 거기 있느냐? 어서 급히 빨리 나와 용천검 드는 칼로 이 호랑이의 배 갈라라. 도로랑!"

하고 달려드니, 호랑이 깜짝 놀라 물똥을 와락 싸고, 해하의 장막에서 초나라 노랫소리에 놀란 초패왕 포위 뚫고 남으로 달아나듯, 적벽강 불 싸움에 패군장 위왕 조조 정욱 따라 도망하듯, 북

"내 재주 아니었던들 도로랑 귀신 피할쏜가? 하마터면 죽을 뻔하였구나."

*습각증(濕脚症) : 다리에 습진이 생기는 병. **갑주(甲胄) : 갑옷과 투구.

23. 위 글에 대한 설명으로 적절하지 <u>않은</u> 것은?

① 장면을 희극적으로 서술하고 있다.

② 두 인물 사이의 관계가 역전되고 있다.

③ 인물의 대화 위주로 이야기가 전개되고 있다.

④ 산문에 운문적 요소가 섞인 문장을 구사하고 있다.

⑤ 공간적 배경을 통해 인물의 정서를 드러내고 있다.

24. ㉠에 담긴 '자라'의 심리를 가장 잘 표현한 것은?

① 죽음은 피할 수 없으니 마음이나 편히 먹자.

② 죽을 때 죽더라도 한번 덤벼들기나 해 보자.

③ 이왕 죽게 되었으니 보상이나 두둑이 받아 보자.

④ 어차피 죽을 것이니 저 놈의 소원이나 풀어 주자.

⑤ 죽을 때까지 내 가치를 알리지 못하다니 애석하다.

25. <보기>는 위 작품의 다른 부분을 요약한 것이다. <보기>를 위 글과 비교한 내용으로 적절하지 <u>않은</u> 것은?

───────────────〈 보기 〉───────────────

　용궁에서 용케 살아난 토끼가 자라와 헤어져 태양산 깊은 계곡으로 의기양양하게 가다가 여러 날 굶주린 독수리를 만난다. 토끼는 자기를 잡아먹으려는 독수리에게 엄동설한(嚴冬雪寒)에도 도토리, 닭 창자, 병아리, 강아지 등을 언제든지 나오게 하는 '꾀 책(冊)'이 굴속에 있다고 독수리를 속인다. 결국 굴속으로 들어간 토끼는 '꾀 책'을 내어 보내라는 독수리에게 '꾀 책'은 다름이 아니라 자기 목숨 살리는 굴속이 '꾀 책'이라며 맹랑하게 말한다.

────────────────────────────────────

① 자라는 위협으로 위기를 극복하지만 토끼는 감언이설(甘言利說)로 위기를 극복한다.

② 호랑이가 들은 '도로랑 귀신'과 독수리가 기대한 '꾀 책'은 실제로는 존재하지 않는다.

③ 자라를 만났을 때의 호랑이의 반가운 마음은 굶주린 독수리가 토끼를 만났을 때와 비슷할 것이다.

④ 자라가 호랑이에게 자신과 몇 촌이나 되는지를 묻는 부분은 토끼가 꾀 책이 있다고 말하는 부분에 대응된다.

⑤ <보기>와 위 글 모두 '뜻하지 않은 만남→위기에 직면함→위기를 극복함'의 구성을 취한다.

다음 글을 읽고 물음에 답하시오.

각설(却說). 홍공이 길동의 작란(作亂) 없으므로 신병이 쾌차하고, 상(上)이 또한 근심 없이 지내더니, 차시(此時) 추구월 망간(望間)에 상이 월색을 띠어 궁궐 후원에 배회하실 새, 문득 일진광풍이 일어나며 공중으로부터 옥저 소리 청아한 가운데 한 소년이 내려와 상께 복지(伏地)하거늘 상이 놀라 물어 가로되,

"선동(仙童)이 어찌 인간에 내려와, 무슨 일을 이르고자 하느냐?"

소년이 땅에 엎드려 아뢰되,

"신이 전임 병조판서 홍길동이로소이다."

상이 놀라 물어 가로되,

"네 어찌 심야에 오느냐?"

길동이 대답하여 가로되,

"신이 전하를 받들어 만세를 모실까 하오나, 천비 소생이라, 문(文)으로 조정에 나아가기 어렵고, 무(武)로도 벼슬길이 막힐지라. 이러므로 사방에 거리낌없이 다니며 관부(官府)에 폐가 되고 조정(朝廷)에 득죄하옴은 전하가 아시게 하옴이러니, 신의 소원을 풀어 주옵시니 전하를 하직하고 조선을 떠나가오니 엎드려 바라건대 전하는 만수무강하소서."

하고 공중에 올라 표연히 날거늘, 상이 그 재주를 못내 칭찬하시더라. 이 후로는 길동의 폐단이 없으매 사방이 태평하더라.

각설. 길동이 조선을 하직하고 남경 땅 제도 섬으로 들어가 수천 호 집을 짓고 농업을 힘쓰고 재주를 배워 무고(武庫)를 지으며 군법(軍法)을 연습하니 군사는 강하고 양식은 풍족하더라.

하루는 길동이 화살촉에 바를 약을 얻으러 망당산으로 향하더니 낙천 땅에 이르러는, 그곳에 부자 백용이란 사람이 있으니 일찍 한 딸을 두었으되, 재질이 비상하매 부모가 애중히 여겨더니

하루는 광풍이 크게 일어나 딸이 간 데 없는지라. 백용 부부가 슬퍼하며 천금(千金)을 들여 사방으로 찾되 ㉠종적이 없는지라. 부모가 슬퍼하며 말을 퍼뜨려 가로되,

"아무라도 내 딸을 찾아 주면 가산(家産)을 반분(半分)하고 사위를 삼으리라."

하거늘 길동이 그 말을 듣고 심중에 측은하기는 하나 하릴없어 망당산에 가 약을 캐며 들어가더니, 날이 저문지라 주저하더니 문득 사람의 소리나며 등촉(燈燭)이 밝거늘 그 곳을 찾아가니 사람은 아니요 요괴(妖怪)들이 앉아 지저귀거늘, 원래 이 짐승은 울동이란 짐승이라. 여러 해를 묵어 변화가 무궁하더라. 길동이 몸을 감추고 활로 쏘니 그 중 괴수(魁首)가 맞은지라. ㉡모두 소리 지르고 달아나거늘, 길동이 나무에 의지하여 밤을 지내고 두루 약을 캐더니 문득 괴물 수삼 명이 길동을 보고 물어 가로되,

"그대는 무슨 일로 이 깊은 곳에 왔느뇨?"

길동이 대답하여 가로되,

"내 의술을 알매 이 산에 들어와 약을 캐더니 그대 등을 만나니 다행하도다."

그것이 크게 기뻐하며 가로되,

"나는 이곳에 산 지 오래더니 우리 대왕이 부인을 새로 정하고 어젯밤에 잔치하더니 천살(天煞)을 맞아 ㉢위중한지라. 그대 명의(名醫)라 하니 선약(仙藥)으로 왕의 병을 고치면 큰 상을 얻으리라."

하거늘 길동이 생각하되,

'이놈이 어젯밤에 상처를 입은 놈이로다.'

하고 허락하니, 그것이 길동을 인도하여 문 밖에 세우고 들어가더니, 이윽고 청하거늘 길동이 들어가 보니 화려한 누각 안에 흉악한 것이 누워 신음하다가 길동을 보고 몸을 일으키며 가로되,

"내 우연히 천살(天煞)을 맞아 위태하더니 부하들의 말을 듣고 그대를 청하였으니 ㉣이는 하늘의 살림이니라. 그대는 재주를 아끼지 말라."

길동이 감사해 하고 가로되,

"먼저 안을 다스릴 약을 쓰고 다음에 밖을 치료할 약을 씀이 좋을까 하노라."

그것이 응낙하거늘 길동이 약주머니에서 독약을 내어 급히 온수(溫水)에 타서 먹이니 얼마 지나지 않아 큰 소리 지르고 죽는지라. 모든 요괴 일시에 달려들거늘 길동이 신통술(神通術)로 모든 요괴를 몰아내더니, 문득 두 소녀가 애걸하여 가로되,

"첩등은 요괴 아니라 인간 세상 사람으로서 잡히어 왔사오니 목숨을 구하여 세상으로 나가게 하소서."

길동이 백용의 일을 생각하고 사는 곳을 물으니, 하나는 백용의 딸이요, 하나는 조철의 딸이라. 길동이 요괴를 소탕하고 낙천 땅에 돌아와 두 여자를 각각 제 부모를 찾아 주니 그 부모들은

ⓜ크게 기뻐하여 그날로 길동을 맞아 사위를 삼았더라. 길동이 하루 아침에 백소저와 조소저 양 처를 얻고 두 집 식구들을 거느리게 되니 모든 사람이 반기며 치하하더라.

하루는 길동이 천문(天文)을 보다가 놀라 눈물을 흘리거늘 여러 사람들이 물어 가로되,

"무슨 까닭으로 슬퍼하느뇨?"

길동이 탄식하여 가로되,

"내 부모를 하늘의 별자리로 안부(安否)를 짐작하더니 하늘의 형상을 본즉 부친 병세 위중하신 지라. 내 몸이 멀리 떨어져 있어 임종(臨終)을 맞지 못할까 하노라."

하니 여러 사람들이 슬퍼하더라. 이튿날 길동이 월봉산 에 들어가 일장(一張) 대지(大地)를 얻고 묘(墓) 자리를 만들되 석물(石物)을 국릉(國陵)과 같이하고, 일척대선(一隻大船)을 준비하여 조선 국 서강 강변으로 오라 명하고 즉시 머리를 깎아 승려 차림으로 일엽소선(一葉小船)을 타고 조선 으로 향하니라.

26. 위 글에서 '길동'에 대해 알 수 있는 내용이 <u>아닌</u> 것은?

① 점성술에 조예가 깊었다.
② 많은 사람을 이끌고 조선으로 향했다.
③ 유교적 입신양명의 꿈을 가진 적이 있었다.
④ 임금으로부터 뛰어난 재주를 인정받았다.
⑤ 소원 성취 후에는 사회적 혼란을 야기하지 않았다.

27. ㉠~㉤의 상황을 나타내기에 적절하지 <u>않은</u> 것은?

① ㉠ : 오리무중(五里霧中)
② ㉡ : 자중지란(自中之亂)
③ ㉢ : 명재경각(命在頃刻)
④ ㉣ : 천우신조(天佑神助)
⑤ ㉤ : 환호작약(歡呼雀躍)

28. 위 글과 〈보기〉를 비교 감상한 내용으로 적절하지 <u>않은</u> 것은?

───────────────〈 보기 〉───────────────

　처녀가 산 속에 사는 괴물에게 납치되자 그 아버지가 딸을 구해주면 전 재산을 반분하겠다고 한다. 시골의 가난한 한 선비가 그 소식을 듣고 무턱대고 산 쪽으로 가다가 다리가 부러져 울고 있는 까치를 만났다. 다리를 고쳐 주자 까치는 그에게 괴물이 살고 있는 땅굴을 알려준다. 땅 속으로 들어간 선비가 처녀를 만나 전후 사정을 말하자, 괴물은 황금빛을 띠는 멧돼지이며 다른 것은 무서워하지 않는데 흰말 가죽만 보면 겁을 낸다는 사실을 알려준다. 선비는 안으로 들어가 흰말 가죽으로 만든 담배 쌈지를 들이대고 괴물이 벌벌 떠는 틈을 타 칼로 목을 벤다. 떨어진 머리가 계속 달라붙기에 처녀가 부엌에서 재를 가져와 뿌리자 괴물은 죽는다. 처녀를 구한 선비는 많은 재산을 얻고 그녀와 결혼하여 행복하게 산다.　　　　- 지하국 대적 퇴치 설화 -

────────────────────────────────────

① 〈보기〉와 위 글의 서사 구조가 유사함을 확인할 수 있어.

② 〈보기〉에서 선비는 처녀의 도움으로 괴물을 처단하는데, 길동은 혼자 힘으로 요괴를 처단하고 있군.

③ 〈보기〉에서 선비는 까치의 도움으로 괴물이 있는 곳을 알게 되지만, 길동은 우연히 그 곳을 발견하고 있어.

④ 〈보기〉에서 괴물을 멧돼지로, 위 글에서 요괴를 '흉악한 것'으로 표현한 것은 인간의 우월성을 드러낸 거야.

⑤ 〈보기〉의 선비와 위 글의 길동은 모두 행복을 쟁취하기 위해 위험을 무릅쓰고 괴물과 싸웠다고 볼 수 있어.

〽〽 실전문제 | 작자 미상, 「토끼전」　　　　　　　　　　　　　　　　　**2008/06/학평**

다음 글을 읽고 물음에 답하시오.

토끼 웃으며 가로되,

"그대의 말이 흡사하나 어젯밤에 내 꿈이 불길하기로 마음에 적이 꺼림칙하노라."

자라 가로되,

"내 젊어서 약간 해몽법을 배웠으니 아무튼 그대의 몽사를 듣고저 하노라."

토끼 가로되,

“칼을 빼어 배에 닿이고 몸에 피칠하여 보이니 아마도 좋지 못한 일을 당할까 염려하노라.”

자라 책망하여 가로되,

“너무 길한 몽사를 가지고 공연히 걱정하는도다. 배에 칼 을 닿였으니 칼은 금이라 금띠를 띨 것이요, 몸에 피칠을 하였으니 홍포를 입을 징조로다. 물망이 일국에 무거우며 명성이 팔방에 떨칠지니 이 어찌 공명할 길몽이 아니며 부귀할 대몽이 아니리오.

공자의 주공(周公)을 봄은 성인의 꿈이요, 장주(莊周)의 나비된 꿈은 달관의 꿈이요, 공명의 초당꿈은 선각의 꿈이요, 그 외의 누구누구의 여간 꿈이란 것은 모두 개꿈이로되 오직 그대의 꿈은 몽사 중 제일 갈 꿈이니 그대 수중에 들어가면 만인 위에 거할지라, 그 아니 좋을손가?”

토끼 점점 곧이듣고 조금조금 달아들며 ㉠장상(將相)의 인끈을 지금 당장 차는 듯이 기쁨이 얼굴에 가득하여 가로되,

“그대의 해몽하는 법은 짐짓 귀신이요, 사람이 아니로다. 소강절, 이순풍(李純風)이 다시 살아온들 이에서 더할손가. 아름다운 몽조가 이미 나타났으니 내 부귀는 갈 데 없거니와 그러나 만경창파를 어찌 득달하리오?”

자라 대희하여 가로되,

“그대는 조금도 염려 말라. ㉡내 등에만 오르면 아무러한 풍랑이라도 파선될 염려 없고 순식간에 득달할 터이니 무엇을 근심하리오.”

토끼 심중에 기껏하여 거짓 체모를 차려 가로되,

“그대 친구를 위하여 이렇듯 수고를 아끼지 않으려 하니 이는 친구를 사귀는 도리에 마땅함이나, 내 그대의 등에 오름이 어찌 마음에 미안치 않으리오?”

자라 크게 웃어 가로되,

“그대 오히려 졸직하도다. 위수에 고기 낚던 여상(呂尙)이는 주 문왕과 수레를 한가지로 탔고, 이문에 문 지키던 후영이는 신릉군(信陵君) 상좌에 앉았으며, 부춘산에 밭 갈던 엄자릉은 한(漢)의 광무제와 한 베개에 누웠으니 지기를 위하는 자리에 존비와 귀천이 무슨 아랑곳인가? ㉢우리 이제 한가지로 들어가면 일생 영욕과 백년고락을 한가지로 할 것이니 무슨 미안함이 있으리오?”

토끼 크게 기꺼하여 가로되,

“그대의 높은 은혜는 진실로 백골난망이로다. 내 이 세상에 살매 못 당할 일이 한두 가지 아닌 중 ㉣저 몹쓸 사람들이 일자총을 둘러메고 암상스레* 보챌 적에 송편으로 목을 따고 접시 물에 빠져 죽고 싶은 적이 한두 번 아니었나니, 나의 큰아들놈은 나무하는 아이에게 무죄히 잡혀가서 구메밥*을 먹어가며 갇힌 지 이미 칠팔 년에 놓일 가망 바히 없고, 둘째 아들놈은 사냥개에게 물려가서 까막까치 밥이 된 지 지금 수년이라, 그 일을 생각하면 이가 갈리고 어찌하면 이 원수의 세상을

떠날꼬 하며 밤낮으로 생각하던 차에 천만의외로 ⓜ그대 같은 군자를 만나 밝은 세상을 보게 되니, 이는 하늘이 지시하고 귀신이 도우심이라. 성인이라야 능히 성인을 안다 하더니 나 같은 영웅이 그대 곧 아니거든 헛되이 산중에서 늙을 뻔하였고 내 곧 아니거든 수중 백성들이 어진 관원을 만나지 못할 뻔하였도다.”

하고 의기양양하여 자라 등에 오르려 할 즈음에 문득 바위 밑에서 너구리가 내달아 토끼를 불러 가로되,

“토끼야, 너 어디 가느뇨. 옛말에 위태한 곳에 들어가지 말라 하였고 분수를 지키면 몸에 욕이 없다 하였으니, 졸지에 남의 부귀를 탐내고야 재앙이 어찌 없을소냐. 고기 배때기에 장사지내기가 십상팔구이지.”

하거늘 토끼 그 말을 듣고 두 귀를 쫑긋하며 발을 멈추고 주저하고 두려워하는 빛이 얼굴에 나타나는지라.

* 암상스레 : 남을 시기하고 샘을 내는 모양으로 * 구메밥 : 옥문 구멍으로 죄수에게 주는 밥

29. 위 글에 나타난 토끼의 심리 변화를 그래프로 나타냈을 때, 가장 적절한 것은?

(x축 : 시간, y축 : 기대감)

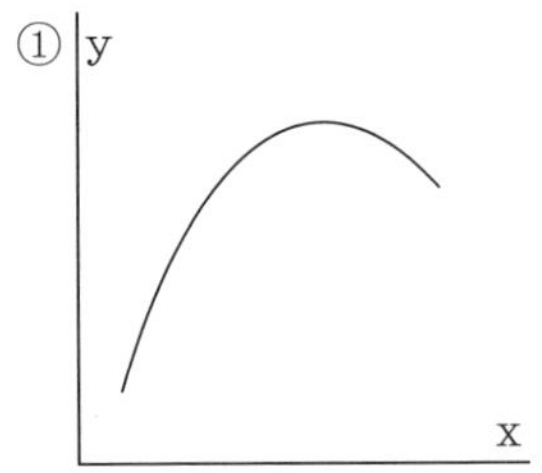

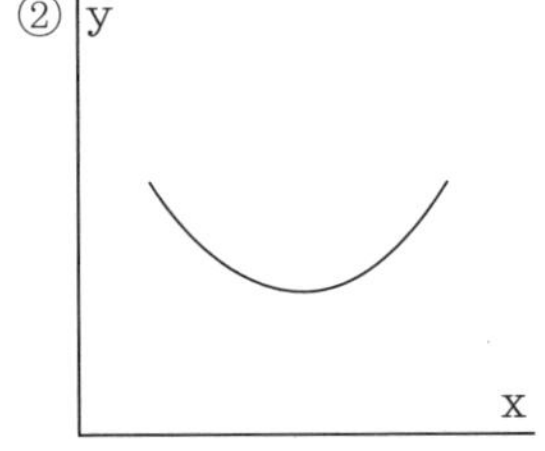

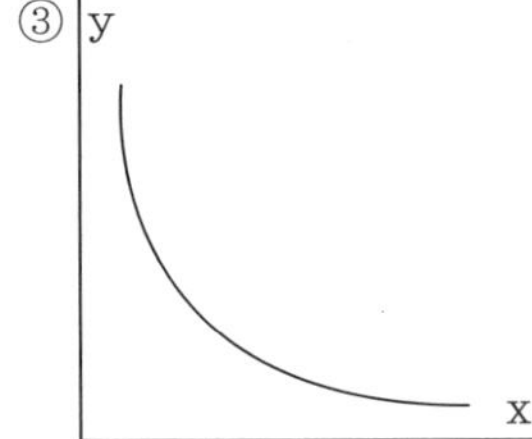

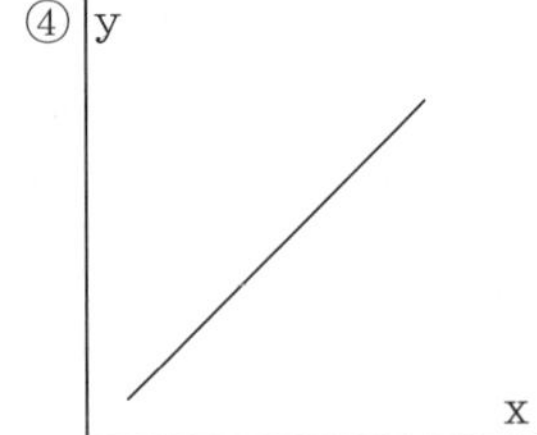

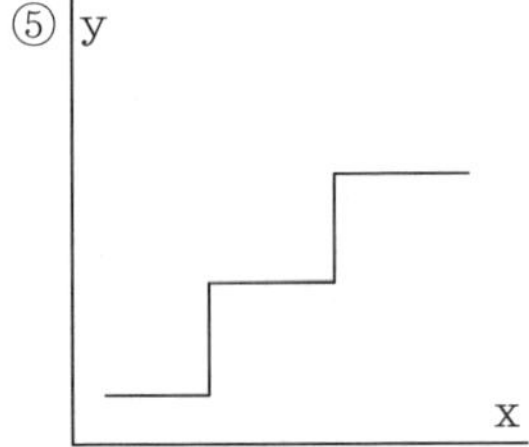

30. ㉠~㉤에 대한 설명으로 적절하지 <u>않은</u> 것은?

① ㉠ : 토끼의 욕망이 무엇인지 알 수 있다.

② ㉡ : 자라가 토끼에게 다른 세계로 이동하는 방법을 제시하고 있다.

③ ㉢ : 토끼의 마음을 편안하게 해 주려는 자라의 의도가 담겨 있다.

④ ㉣ : 토끼가 겪을 시련과 고난을 나타내고 있다.

⑤ ㉤ : 자라에게 고마워하는 토끼의 마음이 나타나 있다.

31. 등장인물에 대한 독자의 평가로 적절한 것은?

① 자라의 유혹에 빠져드는 과정을 보니 토끼가 당할 위험은 자업자득(自業自得)이군.

② 자라에게 허풍을 떠는 것으로 보아 토끼는 외유내강(外柔內剛)의 품성을 지녔군.

③ 자라가 여러 고사를 적절하게 인용하는 것으로 보아 목불식정(目不識丁)이로군.

④ 토끼가 말하는 집안 사정으로 보아 토끼는 금의환향(錦衣還鄕)을 꿈꾸어 왔군.

⑤ 토끼를 위해 헌신하겠다는 것으로 보아 자라는 살신성인(殺身成仁)하는군.

ⅢⅢ 실전문제 Ⅰ 작자 미상, 「콩쥐팥쥐전」	2009/03/학평

다음 글을 읽고 물음에 답하시오.

[앞부분 줄거리] 콩쥐가 감사의 부인이 된 것을 시기한 팥쥐는 같이 목욕을 하자며 콩쥐를 꾀어내어 연못의 깊은 곳에 데리고 가 밀어 죽이고 자신이 콩쥐 행세를 한다. 그 후 연못에서 아름다운 연꽃이 핀 것을 발견한 감사는 하인에게 연꽃을 꺾어 별당 방문 앞에 꽂아 놓게 하고 애지중지한다. 콩쥐가 연꽃이 되었다고 여긴 팥쥐는 그 연꽃을 뽑아다가 아궁이에 집어넣는다.

이웃에 사는 할멈 하나가 불씨를 얻으려고 감사 댁 안채로 들어왔다. 예전부터 감사 부인과는 친숙한 터라, 바로 연못가 별당으로 가서 아궁이에서 불을 떠가려 하는데, 아궁이 속을 들여다보니 불은 씨도 없이 꺼져 있고 난데없는 오색구슬이 한 아궁이 가득히 대굴대굴하였다. 노파는 구슬이 탐이 나서 허겁지겁 구슬을 모조리 치맛자락에 쓸어 담아 가지고 급히 집으로 돌아가서는 남이 행여 알세라 하고 반닫이 속에 감추어 두었다.

그랬더니 천만 뜻밖에도 반닫이 속에서,

"할멈! 할멈!"

하며, 부르는 소리가 감사 부인의 목소리와 흡사하였다. 노파가 매우 놀라 반닫이 문을 열고 보니, 어찌된 까닭인지 감사 부인이 그 속에 들어 앉아 있는 게 아닌가. 그리고 노파에게 반가운 기색으로,

"내가 본래 콩쥐라 하는 여자임은 김 감사와 혼인할 적에 사람들이 모두 알고 있거니와, 팥쥐 항상 나를 모해(謀害)하고자 벼르다가, 이번에 무슨 정이 깊었던지 나를 찾아왔다가 여차여차 되었노라."

하며 그 연못에 빠져 죽은 사연을 낱낱이 밝히고서, 다시 노파의 귀에다 입을 대고 여차여차하여 달라고 부탁하였다.

노파는 이상도 하거니와 우선 무섭고 두려운 생각이 앞서므로 머리를 조아리며 응낙하고 그와 같은 계획을 거행할 때 남한테 빚도 얻고 또 얼마간의 볏섬도 찧어 팔아서 돈을 장만하여 가지고 진수성찬(珍羞盛饌)으로 잔치를 베풀어 거짓으로 노파의 생일이라 일컫고, 노파는 몸소 김 감사를 찾아보고 공손히 아뢰었다.

"오늘은 소인의 생일이옵기에 변변치 못하오나 음식을 조금 준비하였기에 감히 사또의 행차를 청하오니 누추한 천인(賤人)의 집이오나 백성의 솟는 정을 생각하시고 잠시 들어오시면 박주(薄酒) 한 잔일망정 관과 민이 즐겨 볼까 하나이다."

하고 여러 번 청하였더니, 김 감사도 그 노파의 뜻을 가상히 여겨 바쁜 시각을 쪼개어 노파의 집에 행차하게 되었다.

노파는 본디 아전의 계집으로서 사또의 행차를 맞게 됨은 다시없는 영광인지라 매우 기뻐하였다. 게다가 동리 사람들까지 '감사가 행차하신다.' 하여 구경하러 모인 사람만도 자그마한 노파의 집 터를 메울 지경이 되었다.

김 감사는 노파 집에 이르러 상을 받으니, 온갖 음식이 안목을 황홀케 할 만큼 없는 것이 없이 풍성하게 차려 놓은지라 감사는 크게 칭찬하여, 술을 따라 두어 잔 마신 후에 이것저것 맛을 볼 생각으로 젓가락 을 들어 한 번 상을 구르니, 한 짝은 길고 한 짝은 짧은 것이 손에 제대로 잡히지 아니하였다. 그러자 마음속으로 노파의 소홀함을 괘씸하게 여겨 좋지 못한 기색으로 참다못하여 젓가락의 짝이 틀림을 나무랐다. 이 때 노파가 미처 대답도 하기 전에 홀연 병풍 뒤에서 사람의 소리가 있어 대답하는 것이 아닌가?

"젓가락 짝이 틀린 것은 그렇게 똑똑히 아시는 양반이, 사람 짝이 틀린 것은 어찌하여 그토록 모르시나요?"

하는지라. 감사는 매우 놀랍게 여기면서 잠시 말을 멈추고 가만히 마음을 가다듬어 생각하여 보았으나, 아무리 궁리를 해 보아도 깨닫지 못하겠더라.

'내외의 짝이 틀리다니 이 어쩐 말일꼬? 도대체 이런 말을 하는 자가 사람인가 귀신인가?'

하고 감사는 이렇게 생각하다가도, 그 동안 자기 아내의 행동에 종종 괴상한 일이 있었음을 갑자기 깨달으며,

'필연 콩쥐에게 무슨 일이 있음이렸다!'

하여 바삐 돌아가 알아보리라 하는 생각에, 진수성찬도 입에 들어가지 아니할 뿐더러 마치 바늘방석에 앉아 있는 듯만 하였다.

…(중략)…

이야기를 다 듣고 나니 감사는 자기의 불찰(不察)이 부끄럽고, 한편 팥쥐의 소행이 괘씸하고 몹시 원통하였다. 곧 선화당으로 나가, 팥쥐를 잡아 문초(問招)하는 한편, 사람들을 시켜서 연못의 물을 빼게 하니, 과연 콩쥐의 시체가 웃는 낯으로 누워 있었다.

급히 건져 내어 염습(殮襲)*하려 할 때에 죽었던 콩쥐가 다시 숨을 돌리며 살아났다. 그럴 즈음 노파의 집에서 울음을 그치지 못하고 있던 콩쥐가 홀연히 온데간데없이 사라졌다. 이에 모든 관원과 읍내에 사는 백성들까지도 이 신기한 변화에 놀라지 아니하는 사람이 없었다.

그리하여 여러 사람이 한 가지로,

"팥쥐년은 중벌로 다스려야 마땅하다."

고 떠들썩하게 말하므로, 드디어 감사도 그것을 알게 되매 문초를 더욱 엄히 하였다.

팥쥐는 모든 형벌을 이기지 못하여 하나도 숨기지 않고 낱낱이 자백하니 ㉠<u>감사는 크게 꾸짖으며 즉시 팥쥐에게 칼을 씌워 옥에 가두고, 사실을 조정(朝廷)에 보고하였다.</u>

* 염습(殮襲):죽은 사람의 몸을 씻긴 뒤에 옷을 입히고 염포로 묶는 일.

32. 위 글의 내용과 일치하지 <u>않는</u> 것은?

① 콩쥐와 노파는 예전부터 알고 지내는 사이이다.

② 노파는 빚을 내면서까지 콩쥐의 부탁을 들어준다.

③ 감사는 팥쥐가 콩쥐 행세를 한 사실을 뒤늦게 알게 된다.

④ 감사는 노파의 청을 받아들여 노파의 생일잔치에 참석한다.

⑤ 노파는 콩쥐가 오색구슬로 변한 것을 알고 그것을 집으로 가져간다.

33. 위 글을 읽은 독자가 ㉠을 평가할 때 인용할 수 있는 한자성어로 적절한 것은?

① 감탄고토(甘呑苦吐) 　② 갑론을박(甲論乙駁)

③ 인과응보(因果應報) 　④ 연목구어(緣木求魚)

⑤ 면종복배(面從腹背)

34. 위 글에서 　젓가락　의 기능으로 가장 적절한 것은?

① 감사로 하여금 잘못된 상황을 인식하게 하는 소재이다.

② 감사를 소홀하게 대하는 노파의 심리를 드러내는 소재이다.

③ 노파가 콩쥐에 대해 불만을 품고 있음을 암시하는 소재이다.

④ 콩쥐가 감사에게 자신의 행동을 변명하기 위해 활용한 소재이다.

⑤ 콩쥐가 감사만 알고 있는 비밀을 사람들에게 알리기 위한 소재이다.

|||||| 실전문제 | 작자 미상, 「심청전」　　　　　　　　　　　　　　　　　　　　2010/09/학평

다음 글을 읽고 물음에 답하시오.

세상에 덧없는 것은 세월이요, 무정한 것은 가난이었다. 심청이 나이가 십일 세에 ⓐ집안 형편이 가련하고 노부(老父)가 궁병(窮病)하니 어리고 약한 몸이 무엇을 의지하여 살까. 하루는 심청이 부친 앞에 여쭙기를,

"아버님 들으시옵소서. 말 못 하는 까마귀도 쓸쓸한 숲 저문 날에 효도할 줄을 알고, 곽거(郭巨)라 하는 사람은 부모 전 효도하여 반찬 공경 극진히 할 때 세 살 된 어린 아이가 부모 반찬을 먹으므로 산 자식을 묻자고 양주가 의논하였고, 맹종(孟宗)은 효도하여 엄동 설한에 죽순을 얻어 부모를 봉양하였나이다. 소녀도 나이가 십여 세라, 옛 효자만 못할망정 맛난 음식으로 아버님을 공양 못하겠나이까. 아버지의 어두우신 눈으로 험로한 길을 다니시다가 넘어져 상하기 쉽고, 비바람을 무릅쓰고 다니시면 병환이 날까 염려가 되니, 아버지는 오늘부터 집 안에 계시옵소서. 소녀가 혼자 밥을 빌어 조석으로 근심을 덜겠나이다."

심 봉사가 크게 웃으며,

"네 말이 효녀로다. 인정은 그렇지만 어린 너를 내보내고 앉아서 받아 먹는 내가 어찌 마음 편하겠느냐. 그런 말을 다시는 하지 마라."

"아버지 그런 말 마시옵소서. 자로는 현인으로 백 리 길을 쌀을 날라 봉양하였고, 옛날 제영은 장안성에 갇힌 아비를 위해 몸을 팔아 속죄하였습니다. 그런 일을 생각하면 사람은 다 일반인데, 이만 일을 못 하겠나이까. 너무 말리지 마시옵소서."

심 봉사가 옳게 여겨 허락하는데,

"효녀로다, 내 딸이여! 네 말이 기특하니 ⓑ아무렇게나 하려무나."

심청이 그날부터 밥을 빌러 나설 적에, 먼 산에 해 비치고 앞마을 연기 나는데, 가련하다, 심청이 베 중의(中衣) 옷에 대님 매고, 깃만 남은 헌 저고리, 자락 없는 청목 휘양을 볼상 없이 숙여 쓰고, 뒤축 없는 헌신짝에 버선 없이 발을 벗고, 헌 바가지를 손에 들고 건넛마을을 바라보았다.

천산(千山) 조비(鳥飛) 끊어지고, 만경(萬頃)에 인적이 전혀 없다. 북풍으로 모진 바람이 살 쏘듯이 불어온다. 황혼에 가는 거동은, 눈 뿌리는 수풀 속을 외로이 날아가는 어미 잃은 까마귀였다. 옆걸음쳐 손을 불고 옹그리며 건너갔다.

건넛마을 당도하여 이집 저집 부엌문만 들어서며 가련히 비는 말이,

"모친이 돌아가신 후에 눈 멀으신 우리 부친 공양할 길이 없어 왔사오니, 댁에서 잡수시는 대로 밥 한 술만 주옵소서."

보고 듣는 사람들이 마음이 감동하여 ⓒ그릇밥, 김치, 장을 아끼지 않고 덜어 주며,

"아가, 어서 몸을 녹이고 많이 먹고 가거라."하는 말은 가련한 정에 감동되어 고마운 마음으로 하는 말이었다. 그러나 심청이는,

"추운 방에서 늙은 부친이 나 오기만 기다리시니 나 혼자 먹을 수 있나이까?"

하는 것은 또한 부친을 생각하는 지성에서 나오는 말이었다.

이렇게 얻은 밥이 두세 그릇이 충분히 되었다. 심청이는 급한 마음에 돌아와서 사립문 밖에 이르러,

"아버지, 춥지 않으신지요. 몹시 시장하시지요. 여러 집을 다니자니 자연 늦어졌나이다."

ⓓ심 봉사는 딸을 보내 놓고 마음 놓지 못하다가 딸 소리를 반겨 듣고 문을 활짝 열어 놓으며,

"애고 내 딸, 너 오느냐?"

두 손을 덥석 잡고,

"손 시리지 않느냐? 화로에 불 쬐어라."

한다. 자식 아끼는 부모 마음같이 간절한 것은 없는 터이라 심 봉사 기가 막혀 훌쩍 눈물지으며,

"애닯구나 내 팔자야. 앞 못 보고 구차하여 쓰지 못할 이 목숨이 살면 무엇하자고 자식 고생시키느냐."

심청이의 장한 효성이 부친을 위로하여,

"아버지, 서러워 마사이다. 부모께 봉양하고 자식의 효 받는 것이 이 천지에 떳떳하고 사리에

당연하니 너무 심화(心火) 마옵소서."

ⓔ이렇게 봉양할 제, 춘하추동 사시절을 쉴 날 없이 밥을 빌고, 나이 점점 자랄수록 바느질과 길쌈질로 삯을 받아 부친 공경을 한결같이 하였다.

---

35. ㉠~㉤ 중 <보기>의 내용이 나타난 것은?

───────────〈 보기 〉───────────

ㄱ. 시간의 흐름에 따라 사건을 전개하고 있다.

ㄴ. 인물을 희화화하여 현실 세태를 풍자하고 있다.

ㄷ. 인물에 대한 서술자의 생각이 직접적으로 드러나 있다.

ㄹ. 전기적 요소를 활용하여 독자의 흥미를 유발하고 있다.

────────────────────────────

① ㄱ, ㄴ   ② ㄱ, ㄷ   ③ ㄴ, ㄷ

④ ㄴ, ㄹ   ⑤ ㄷ, ㄹ

---

36. ⓐ~ⓔ에 대한 학생의 반응으로 적절하지 <u>않은</u> 것은?

① ⓐ : 심청이 처한 상황은 설상가상(雪上加霜)이군.

② ⓑ : 심 봉사는 심청의 행동에 수수방관(袖手傍觀)하고 있군.

③ ⓒ : 마을 사람들은 심청을 보고 측은지심(惻隱之心)을 느꼈겠군.

④ ⓓ : 심 봉사는 심청을 기다리며 노심초사(勞心焦思)했겠군.

⑤ ⓔ : 심청의 행동에서 반포지효(反哺之孝)의 마음을 느낄 수 있군.

---

37. <보기>의 관점에서 위 글을 감상한 것으로 가장 적절한 것은?

───────────〈 보기 〉───────────

  문학 감상은 독자가 작품 해석의 주체로서 작품의 내용을 일상의 삶과 연결 지어 읽으며 내면화하는 과정이다. 그런 점에서 문학 작품의 이해와 감상은 우리의 생활을 되돌아보고 삶을 더욱 풍요롭게 해 주는 자양분이 된다.

────────────────────────────

① 어린 심청이 어려운 고사를 인용하는 것이 당시에 가능했을지 의문이 생겼어요.

② 율문체로 된 부분을 읽으며 현대소설에서 느끼지 못했던 리듬감을 느낄 수 있었어요.

③ 인물의 모습을 묘사한 부분을 통해 당시 사람들이 입었던 의복의 형태를 짐작할 수 있었어요.

④ 부모 봉양을 자식의 당연한 도리로 생각하는 심청의 말에서 당시 사회의 가치관을 알 수 있었어요.

⑤ 어려운 상황에서도 꿋꿋하게 살아가는 심청의 모습을 보며 평소 쉽게 포기하는 나 자신이 부끄럽게 느껴졌어요.

03

독서

O3 독서

◉ 설명문

설명문이란 남이 알지 못하는 사실을 이해할 수 있도록 알기 쉽게 풀어서 쓴 글. 상대방으로 하여금 잘 정리된 정확한 지식이나 정보를 전달받아 수용할 수 있게 하는 데 목적이 있음. 객관성, 사실성, 체계성

◉ 전기문

특정한 인물의 남다른 경험이나 업적에 대하여 그 인물이 겪은 실제 사실을 바탕으로 기록한 글. 사실성, 교훈성, 문학성

◉ 보도문

사회적 관심사가 될 만한 일, 사건에 대한 정보를 정확하게 표현하여 매체를 통해 알리는 글. 정확성, 공정성, 간결성

◉ 강연문

일정한 주제에 대해 청중에게 체계적으로 설명하는 글. 시·청각적 보조 자료를 활용하기도 함.

◉ 논설문

어떤 문제에 대해 자신의 생각이나 의견을 타당한 근거를 들어 논리적으로 전개하여 독자를 설득하는 글. 타당성, 체계성, 신뢰성

◉ 토론

어떤 논제에 대해 상반된 입장을 보이는 두 진영이 각각 반대와 찬성의 의견을 말하고 상대방의 의견을 반박하여 자신의 주장이 옳음을 밝혀나가는 것. 사실 논제, 가치 논제, 정책 논제가 있음.

◉ 맥락을 고려한 주장하는 글쓰기

① 주장하는 글을 쓸 때에는 주장이 분명하게 드러나게 하고, 맥락에 맞는 근거를 제시해야 함.

② 주장의 내용과 성격, 독자의 특성을 고려하여 근거를 수집하고 선별하여 논리적으로 조직해야 함.

③ 타당한 근거를 설정한 후에는 맥락에 맞게 이를 적절히 표현할 수 있어야 함.

다음 글을 읽고 물음에 답하시오.

빛은 물결이 퍼지듯이 파동에 의해 전파된다. 이 파동에서 물결의 한 꼭짓점부터 다음 꼭짓점까지의 거리를 파장이라고 한다. 빛은 파장에 따라 적외선, 가시광선, 자외선 등의 광선들로 나뉘는데, 인간은 가시광선만을 시각으로 느낄 수 있다. 가시광선보다 파장이 긴 적외선이나, 짧은 자외선은 눈으로 인식하지 못한다. 이 중에서 가시광선은 파장이 가장 긴 빨간빛부터 가장 짧은 보랏빛까지 수많은 빛들로 구별되는데, 이 빛들과 관련된 대표적인 현상으로 '분산'과 '산란'을 들 수 있다.

파장은 빛의 굴절에 영향을 미치는데, 파장이 짧을수록 굴절되는 정도가 커진다. 예를 들면 보랏빛은 빨간빛보다 파장이 짧아 굴절되는 정도가 더 크다. 눈으로 볼 수 있는 모든 색을 지닌 태양빛을 프리즘에 통과시키면 빛은 파장에 따라 갈라져 흩어지면서 빨강, 주황, 노랑, 초록, 파랑, 남색, 보라색 등의 순서로 보이게 된다. 이러한 현상을 '빛의 분산'이라고 한다. 하늘에서 아름다운 빛깔을 내는 무지개가 그 대표적인 예이다. 빛이 공중에 떠 있는 물방울을 만나 굴절과 반사의 과정을 거쳐 물방울 밖으로 나가면서 다채로운 빛깔을 드러낸다. 이것이 우리가 보는 무지개이다.

'빛의 분산' 외에도 파장과 관련 있는 현상으로 '빛의 산란'을 들 수 있다. 빛은 대기층을 통과하면서 대기 중에 있는 질소, 산소, 먼지와 같은 작은 입자들과 부딪치게 되는데, 파장이 짧은 빛일수록 입자들과 많이 부딪친다. 빛이 대기 중의 입자들과 부딪치면 그 입자들에게 에너지를 전달하는데, 이 에너지를 받은 입자들은 들뜨게 되고 들뜬 입자들은 에너지를 방출함으로써 빛을 사방으로 흩어지게 한다. 이 현상이 '빛의 산란'이다. 해 뜰 녘이나 해 질 녘에 하늘이 붉은빛을 띠는 것이나 해가 중천에 떠 있는 낮에 하늘이 푸른빛을 띠는 것이 그 대표적인 예이다.

해 뜰 녘이나 해 질 녘에는 태양 빛이 지표면을 따라 수평으로 진행하기 때문에 태양빛이 대기층을 지나는 경로가 낮보다 길어진다. 이 때문에 파장이 짧아 대기 속에서 계속 산란을 하며 전파되는 파란빛은 먼 거리를 이동하지 못하고 대부분 대기 중에 흡수되어 버린다. 반면에 파장이 길어 산란이 적게 일어나는 붉은빛은 대기 속에서 계속 전파되어 사람들에게 인식된다. 한편 낮에는 태양이 지표면과 수평을 이루지 않기 때문에 상대적으로 빛이 대기층을 이동하는 경로가 짧아진다. 이 때문에 산란되는 양이 많은 파란빛은 일부만 대기 중에 흡수되고 대부분은 사람들의 눈에까지 도달하게 된다. 그런데 파장이 가장 짧은 것은 정작 보랏빛임에도 불구하고 왜 하늘은 파란빛으로 보이는 것일까? 그것은 우리 눈이 보랏빛보다 순수한 원색인 파란빛을 더 잘 인식하기 때문이다.

앞에서 살펴본 것처럼 빛은 '분산', '산란' 등의 현상으로 무지개, 푸른 하늘, 노을 등을 볼 수 있게 한다. 빛이 없다면 인간은 이러한 아름다움을 느낄 수 없을 것이다. 이처럼 빛은 인간이 외부

세계와 시각적으로 소통하게 해 주는 매개체이다.

01. 위 글의 내용에서 확인할 수 <u>없는</u> 것은?

① 대기층의 종류

② 빛이 산란하는 이유

③ 무지개가 생기는 이유

④ 파장에 따른 빛의 종류

⑤ 빛의 굴절에 영향을 미치는 요소

02. 위 글에 제시된 '보랏빛'의 특징으로 적절한 것은?

① 가시광선에 속하지 않는다.

② 붉은빛보다 파장의 길이가 짧다.

③ 대기 중에서 파란빛보다 시각적으로 더 잘 인식된다.

④ 대기를 이동하며 산란 현상을 거의 일으키지 않는다.

⑤ 태양빛을 프리즘에 통과시켰을 때 한가운데 나타난다.

⑤ 빛의 굴절에 영향을 미치는 요소

03. 위 글을 토대로 〈보기〉의 그림에 대해 설명했을 때, 적절하지 <u>않은</u> 것은?

〈해 질 녘〉

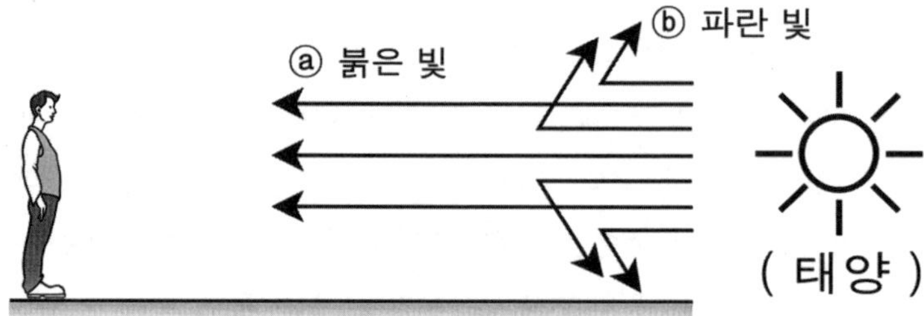

① ⓐ가 대기 속에서 이동해야 하는 거리는 낮보다 길다.

② ⓐ가 그림과 같이 전파되는 것은 파장이 길기 때문이다.

③ ⓑ는 다양한 빛깔로 갈라지며 흩어지고 있다.

④ ⓑ는 이동 중에 대기층으로 대부분 흡수되고 있다.

⑤ ⓐ와 ⓑ의 특성은 해 뜰 녘에도 마찬가지이다.

||||| 실전문제　　　　　　　　　　　　　　　　　　　　　　2007/09/학평

다음 글을 읽고 물음에 답하시오.

(가) 하루가 다르게 새로운 기술이 우리의 생활을 변화시키고 있다. 바코드가 널리 사용되더니, 최근에는 RFID가 등장해 생활에 변화를 가져오고 있다. RFID란 무선주파수를 이용해서 정보를 인식하고 필요한 작업을 수행하는 기술을 말한다. 카드를 단말기에 대면 카드로부터 정보가 단말기로 전달되어 신분이 확인되고 출입문이 열리고 닫히는 것이 RFID가 적용된 예이다. 이 외에도 RFID는 교통 요금의 징수, 상품의 재고 관리 등에 활용되고 있는데, 앞으로 그 범위가 지속적으로 확대될 전망이다.

(나) RFID는 정보를 저장하고 있는 태그와 정보를 인식하는 단말기, 정보를 처리하는 컴퓨터 등의 장치에 의해 실현된다. 태그는 단말기에서 전파의 형태로 무선 신호를 보내오면 그에 반응해 태그 내부에 저장되어 있는 정보를 단말기로 보내는 역할을 담당하는 부분이다. 이러한 기능은 태그에 있는 전자칩에 의해서 수행되는데, 전자칩은 반도체를 이용해서 만든 전자 회로이다. 단말기는 태그로부터 받은 정보를 해독해서 컴퓨터로 보낸다. 그러면 컴퓨터는 자신의 데이터베이스에서 그 정보에 해당하는 자료를 찾아내 필요한 명령을 내리고 교통 요금 지불, 출입문 개폐 등의 작업이 수행되도록 한다.

(다) RFID의 실용적 가치가 높아진 것은 전자칩의 소형화와 관련이 있다. 소형화는 반도체 기술의 발전 외에도 배터리 없는 전자칩의 개발로 가능해졌다. 만일 전류를 공급해 주는 배터리를 전자칩에 별도로 장착해야 했다면 소형화에 어려움을 겪었을 것이다. 현재의 전자칩은 단말기가 보내주는 전파에 의하여 형성되는 전류만으로도 작동된다. 이는 코일 주변에 자석을 갖다 대면 자기장에 의하여 전류가 유도되는 현상을 응용한 것이다. 단말기에서 보내온 자기장에 의하여 태그 주변을 둘러싸고 있는 코일에서 전류가 발생하고 이 전류가 전자칩을 작동시킨다.

(라) RFID는 바코드보다 한 단계 더 발전한 것으로 평가 받고 있다. 바코드는 한정된 정보 처리

만이 가능하고 환경 변화에 의해 훼손되기 쉬우며 한 번 정보를 기록하면 수정하기가 어렵다. 그러나 RFID는 다양하고 많은 양의 정보 교환이 가능하고 환경의 변화에도 영향을 거의 받지 않으며 정보의 수정이 자유롭다. 그리고 수십cm 이내의 거리에서만 정보를 인식할 수 있는 바코드에 비해, RFID는 최대 100m 거리에서도 정보를 인식할 수 있어 그 활용 범위가 더욱 넓다. RFID로는 여러 개의 태그가 동시에 한 단말기에 정보를 전달할 수도 있다. 이는 바코드에서는 불가능한 일이다.

(마) 현재 RFID가 다양한 분야로 확산되는 데에 걸림돌로 작용하고 있는 문제는 보안성과 전자칩의 가격에 있다. ㉠RFID는 바코드에 비해 위조의 가능성이 크고 태그와 단말기의 통신 과정에서 정보가 누출될 가능성도 있다. 이 문제는 저장된 정보를 암호화하는 기능을 전자칩 자체에 넣거나, 전자칩의 복제를 원천적으로 방지하는 등의 기술을 개발하여 해결을 꾀하고 있다. 전자칩의 가격 문제도 반도체 기술의 지속적인 발전에 힘입어 수년 내에 해결될 것으로 보인다. 현재 ㉡초소형 전자칩이 과거보다 점점 더 저렴한 가격으로 생산되고 있어 기대를 높이고 있다. RFID가 일상화되어 지금보다 더 많은 생활의 변화를 가져올 날이 멀지 않은 것이다.

04. (가)~(마)에 대한 설명으로 적절하지 <u>않은</u> 것은?

① (가) : RFID를 소개하고 활용에 관한 전망을 제시하고 있다.
② (나) : RFID를 구성하는 여러 장치들의 역할을 설명하고 있다.
③ (다) : RFID 전자칩의 소형화가 필요한 이유를 설명하고 있다.
④ (라) : RFID의 장점을 바코드와의 비교를 통해 제시하고 있다.
⑤ (마) : RFID의 문제들을 해결하기 위한 노력을 소개하고 있다.

05. ㉠의 이유로 가장 적절한 것은?

① 전자칩에 기록되어 있는 정보의 변경이 용이하기 때문에
② 단말기에서 동시에 여러 정보를 인식할 수 있기 때문에
③ 단말기와 전자칩의 통신 거리가 비교적 멀기 때문에
④ 환경 변화에 대한 내구성이 뛰어나기 때문에
⑤ 처리할 수 있는 정보의 양이 많기 때문에

06. (나)와 (다)를 바탕으로 〈보기〉의 ⓐ~ⓔ를 설명할 때 적절하지 <u>않은</u> 것은?

〈 보기 〉

① ⓐ는 태그와 그 주변을 둘러싸고 있는 코일 등으로 구성된다.

② ⓑ는 카드의 전자칩 작동에 필요한 전류를 유도하는 전파의이동 경로이다.

③ ⓒ는 카드의 전자칩에 저장되어 있는 정보의 이동 경로이다.

④ ⓓ는 카드의 정보를 분류한 후 그 정보를 저장해 보관한다.

⑤ ⓔ는 해당 자료를 찾아 교통 요금이 징수되도록 처리한다.

07. 〈보기〉를 참조할 때, 밑줄 친 말들 중에서 ㉡의 '초(超)'와 역할이 <u>다른</u> 것은?

〈 보기 〉

○ 구조 : 초 + 소형

—— 어떤 낱말 앞에 붙어서 그 의미를 수식·한정해 주는 역할을 한다.

① 대성공(大成功)　　　　② 동식물(動植物)

③ 고소득(高所得)　　　　④ 맹훈련(猛訓練)

⑤ 급경사(急傾斜)

다음 글을 읽고 물음에 답하시오.

물체가 진동하면 소리가 만들어진다. 이 중 주파수가 16Hz에서 20,000Hz 사이인 소리를 사람이

들을 수 있다. 소리를 듣는다는 것은 소리가 귀를 통해 뇌로 전달되어 분석되는 과정이다. 이 과정을 간략하게 설명하면, 소리는 외이와 중이를 거쳐 내이로 전달되고 내이에서 주파수별로 감지된다. 이후 각각의 정보는 청신경을 통해 뇌간으로 간 다음 뇌의 양측 측두엽으로 전달되어 최종 분석되는 것이다.

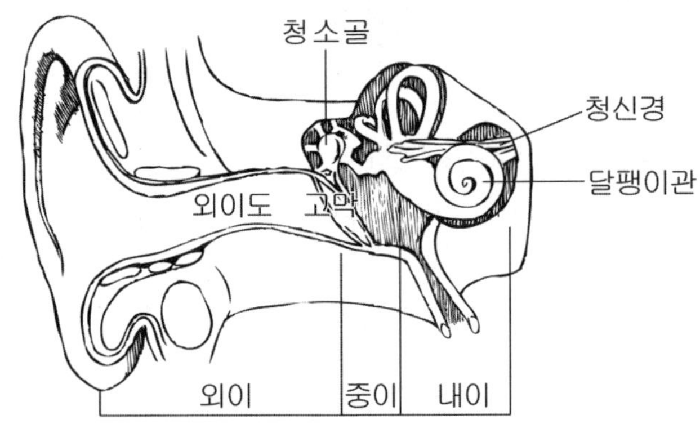

귀는 위의 그림처럼 귓바퀴와 외이도를 포함한 외이, 고막과 청소골로 형성된 중이, 주파수별로 소리를 감지하는 내이로 나뉜다. 물렁뼈로 이루어진 귓바퀴는 소리를 모아서 외이도로 전달한다. 외이도는 고막과 함께 한쪽이 막힌 공명기 역할을 하여 일정 영역대의 소리 크기를 증폭해 준다.

중이에는 고막과 세 개의 단단한 뼈인 청소골이 있다. 고막은 외이도를 거쳐 도달한 진동 에너지를 모으고 증폭시켜 청소골로 전달한다. 증폭된 진동 에너지가 청소골을 울리고 청소골은 지렛대 같은 원리로 진동을 더욱 증폭시켜 내이 안의 림프라는 액체에 전달한다. 청소골의 작용 없이 진동 에너지가 림프가 차 있는 내이에 직접 전달된다면 공기와 액체의 밀도가 다르기 때문에 진동 에너지의 대부분이 반사되고 일부만이 내이로 전달될 것이다. 이렇게 고막과 청소골은 서로 다른 물질 사이에서 중계자 역할을 하여 에너지의 손실을 줄인다.

내이는 단단한 뼈로 둘러싸여 있는데 달팽이 껍질과 유사한 모양이기 때문에 달팽이관이라는 별명도 있다. 달팽이관의 안에는 기저막이 있는데 이 위에 코르티기관이 존재한다. 코르티기관에는 털세포가 들어 있으며 이 세포들이 외부에서 들어오는 소리 에너지를 받아 주파수별대로 소리 정보를 ㉡나누어 감지하고, 이를 청신경에 전달한다. 이 때 고주파 소리는 기저부에서 감지되고 저주파 소리는 첨부에서 감지된다. 기저부는 달팽이 껍질 모양의 넓은 쪽에, 첨부는 끝부분인 좁은 쪽에 해당한다.

08. 위 글의 내용과 일치하지 <u>않는</u> 것은?

① 외이와 중이는 소리를 모으고 증폭시키는 기관이다.

② 중이를 통해 전달된 소리는 내이에서 주파수별로 감지된다.

③ 중이는 서로 다른 물질 사이에서 에너지의 손실을 줄여 소리를 중계한다.

④ 내이는 중이에서 전달되는 소리를 받아들이기 쉽게 물렁뼈로 둘러싸여 있다.

⑤ 내이에는 소리를 나누어 감지하고 전달하는 세포가 있다.

09. 위 글로 보아 <보기>의 '소음성 난청'이 일어나는 원인으로 알맞은 것은?

─────────〈 보기 〉─────────

　미국의 청각 개선 연구소(BHI)는 16~34세의 MP3 플레이어 이용자 1,000명을 대상으로 조사한 결과, 3명 중 1명꼴로 이어폰을 벗어도 계속 귀에서 소리가 울리는 '소음성 난청' 증상을 보였다고 밝혔다. '소음성 난청'은 일상에서 쉽게 접할 수 없는 고주파 음역에서부터 시작된다고 알려져 있다.

① 고막의 손상　　　　　　　　② 첨부의 손상

③ 기저부의 손상　　　　　　　④ 청소골의 손상

⑤ 측두엽의 손상

10. ⓛ과 관련하여 '나누다'의 다양한 의미를 찾아보았다.
각각의 의미와 이를 활용하여 만든 예문의 연결이 적절하지 <u>않은</u> 것은?

	의미	예문
①	주고받다	두 사람이 서로 인사를 <u>나누었다</u>.
②	함께 하다	선생님은 홀짝으로 편을 <u>나누었다</u>.
③	분배하다	자금을 댄 주주들과 이익금을 <u>나누었다</u>.
④	함께 먹다	변변찮은 음식이나마 같이 <u>나누고</u> 싶구나.
⑤	가르다	수박을 두 쪽으로 <u>나누어</u> 남동생과 먹었다.

다음 글을 읽고 물음에 답하시오.

만화는 영상 문화 시대에 '문화의 끌개' 역할을 하고 있다. 즉, 문화 산업 시대에 만화가 문화 생산, 이미지 생산에서 구심적 역할을 하는 것이다. 만화의 어떤 특성이 이러한 역할을 가능하게 한 것일까?

사람들이 만화를 즐겨 보는 이유는 우선 재미있다는 점이다. '한 번 손에 쥐면 먹고 자는 일도 귀찮아지는 책'이 만화이다. 만화에는 사람을 푹 빠지게 하는 그 무엇이 있다. 그를 통해 만화는 우리의 기억 속에 오래 남는다. 「칸, 페이지, 이야기」의 저자 베노와 페터즈에 따르면 누구나 자기 기억 속에 한 개 이상 '잊을 수 없는 만화의 칸' 혹은 '잊을 수 없는 장면'을 갖고 있다고 한다. 그 그림은 실제와 똑같은 것이 아니라, 자신의 기억이 만들어 내거나 변형한 그림인 경우가 많다고 한다. 이는 만화의 이미지가 어떻게 우리의 기억 속에 갈무리되는지를 말해 주는 흥미로운 사례이다.

또한, 독자들이 만화를 좋아하는 이유는 가볍다는 점이다. 무거운 만화도 있으나 대체로 만화는 낙서같이 자유롭다. 이러한 자유는 만화의 중요한 요소이다. 독자들은 만화를 읽으면서 주류 문화의 권위나 엄숙성을 뛰어넘어 즐거움과 해방감을 느낀다. 유머와 상상은 저항과 전복의 주요한 수단이다. 환상적이고 현실 도피적인 것, 기상천외하고 극단적인 것에 대한 추구는 극화 만화의 일반적인 경향이다. 이것도 본질적으로는 이성의 해방이자, 일탈과 저항의 기능을 갖는다.

만화는 특유의 팬덤(fandom) 문화를 형성한다. 팬덤 문화는 주류 언론에 맞서 싸우는 팬들의 '권리 되찾기 운동'이라고 볼 수 있다. 만화를 하나의 대중문화로서 독자들이 즐겨 본다는 사실은 가볍게 볼 일이 아니다. 만화 독자들은 그들 고유의 팬덤과 마니아의 세계가 있으며, 숭배하고 열광하며 비평하는 나름의 방식을 갖고 있다. 코스프레(cosplay)* 등에서 보듯이 만화 독자들은 적극적으로 문화를 형성하는데 참여한다. 다시 말해, 만화는 다른 어떤 장르보다 작가와 독자 사이에 주고받는 쌍방 소통적 요소가 중요하며, 팬덤과 마니아의 정서가 활발한 영역이라고 할 수 있다. ㉠이 때문에 미디어 이론가 마셜 맥루한은 만화를 텔레비전과 더불어 '쿨 미디어(Cool Media)'의 하나로 정의한다.

위에서 말한 만화의 특성은 사실 만화를 보고 즐기는 방식의 특징이지, 만화 그 자체의 매력으로 보기는 어렵다. 그러면 만화의 근원적인 매력은 무엇일까? 그것은 만화가 갖고 있는 '칸과 칸 사이의 관계'와 '만화 작가의 독특한 회화적 표현'이다. 만화 독자는 대개 각 칸을 따라 시선을 이동하지만, 사실 만화에 의해 촉발된 독자의 상상력이 작용하는 공간은 칸과 칸 사이의 여백이다. 독자는 하나의 칸과 다음 칸 사이의 틈에서 등장인물의 행동이나 장면의 상호 관련성을 통해 생략된

내용을 잡아내고 음미하면서 사건이나 이미지를 형성한다. 또한 만화는 한 쪽이나 양쪽 전체를 한 눈에 볼 수 있는 파놉티콘(panopticon)**과 같은 시각 장치를 가진 형식이다. 만화 작가마다 혹은 작품마다 다르게 나타나는 개성은 작품에 담긴 그래픽이나 회화적 표현과 떼어 놓고 생각할 수 없는 것이다.

*코스프레(cosplay) : 만화나 게임의 캐릭터를 모방하는 취미 문화

**파놉티콘(panopticon) : 한곳에서 내부가 전부 보이는 원형 교도소

11. 위 글은 궁극적으로 어떤 물음에 답하는 글인가?

① 만화의 고유한 속성은 무엇인가?
② 만화에서 독자의 역할은 무엇인가?
③ 만화는 어떻게 수용자에게 이해되는가?
④ 어떤 만화가 대중의 인기를 끌 수 있는가?
⑤ 만화에서 회화적 요소는 어떤 기능을 하는가?

12. ㉠의 이유를 추론한 내용으로 알맞은 것은?

① 작가가 불합리한 비평에 적극 대처하므로
② 만화는 독자의 참여가 많은 미디어이므로
③ 만화는 다양한 매체와 결합하기 쉬우므로
④ 만화는 수용자가 상대적으로 많은 미디어이므로
⑤ 만화 작가는 팬들의 비평에는 관심을 두지 않으므로

13. 위 글을 읽은 독자가 〈보기〉를 보고 반응한 내용으로 적절하지 <u>않은</u> 것은?

─〈 보기 〉─

① 만화가 지닌 가벼움의 즐거움을 느낄 수 있군.
② 한 눈에 볼 수 있는 시각적 효과도 느껴지는군.
③ 칸과 칸 사이에서 독자의 상상은 배제되고 있군.
④ 짧은 내용 속에서도 재치 있는 유머가 느껴지는군.
⑤ 문자에 나타난 그래픽이 의미 전달에 기여하고 있군.

|||| 실전문제   2007/06/학평

다음 글을 읽고 물음에 답하시오.

윷놀이의 규칙은 매우 단순하다. 그러나 놀이를 행하는 방법이 재미있게 구성되어 있기 때문에 긴장과 흥분을 유발한다. 즉 잡고 잡히는 상황이 반복되면서 격렬한 싸움이 전개되어 긴장이 계속 이어진다. 그리고 역전의 기회가 상존하기 때문에 상황의 반전에 따라 흥분이 고조된다. 특히 마지막 말이 결승점을 통과하는 것을 눈앞에 두고 있는 순간에도 극적인 역전이 가능하기 때문에 승부를 예측하기 힘들다.

사람들이 윷놀이를 즐기는 것은 그것이 삶의 우여곡절을 재미있게 담아 낼 수 있기 때문이다. 그들은 윷놀이를 통해서 긴장과 흥분을 맛보게 된다. 이러한 측면에서 윷놀이의 규칙을 분석해 보면 다음과 같은 특징을 발견할 수 있다.

첫째, 윷놀이에서 윷가락을 던져 얻는 점수가 도 · 개 · 걸 · 윷 · 모로 다른 것은 신분에 따른 사회적 지위를 반영하는 것이다. 사람들이 네 개의 윷가락을 던져 얻는 점수는 도가 1점, 개가 2점, 걸이 3점, 윷이 4점, 모가 5점으로 차이가 있고, 그것이 나올 수 있는 확률 또한 도가 2/8, 개가 3/8, 걸이 2/8, 윷이 1/16, 모가 1/16로 차이가 있다. 따라서 2점인 개가 가장 흔하게 나오고, 1점인 도와 3점인 걸이 그 다음이다. 이들을 신분과 연관지어 본다면 도는 천민, 개는 상민, 걸은 중인에 해당한다고 볼 수 있다. 반면 4점인 윷과 5점인 모는 나오기 힘든 대신에 윷가락을 한 번 더 던지는 특권이 부여되어 있다. 이들은 윷판의 특권층으로 윷이 무반(武班), 모가 문반(文班)에 해당한다.

둘째, 윷놀이에서 윷가락을 던져 점수를 얻는 것은 운명에 대한 순응과 함께 운명을 변화시켜 보려는 인간의 노력을 반영하는 것이다. 윷가락을 던져 점수를 만드는 것은 기본적으로 확률에 기초하고 있어 운명에 순응하지 않을 수 없다. 그러나 윷을 던지는 방법에 따라 그 확률을 변화시킬 수 있는 가능성 또한 존재한다. 윷가락을 던질 때 그 재질이나 형태, 바닥의 성질 등을 잘 이용하면 개보다 걸이, 윷보다 모가 많이 나오게 하는 등의 기술을 구사할 수도 있다. 따라서 윷가락을 던지는 사람은 (　　　　　　　　　　㉠　　　　　　　　　　)

셋째, 윷놀이에서 얻은 점수로 말을 부리는 것은 삶을 주체적으로 개척하려는 인간의 적극적 의지를 반영하고 있는 것이다. 사람들은 윷가락을 던져 얻은 점수로 결승점을 향해 간다. 따라서 좋은 점수를 얻는 것도 중요하지만 더욱 중요한 것은 최대한 유리하도록 말을 잘 부리는 것이다. 이런 관계로 말을 잘 부리면 적은 점수를 얻고도 이기는 반면에, 말을 잘못 부리면 많은 점수를 얻고도 지는 일이 발생한다. 따라서 자신의 말은 잡히지 않으면서 곧바로 결승점으로 나아갈 수 있는 방법을 생각해야 한다.

넷째, 윷놀이에서 같은 편에 속한 사람들이 공동으로 말을 소유하고 부리는 것은 마을 또는 씨족 단위의 공동체적 삶을 반영하는 것이다. 여러 사람이 편을 나누어 윷놀이를 하는 경우에 같은 편에 속한 사람들은 말을 공동으로 부린다. 이것을 위해 집단을 대표하여 윷판에 말을 부리는 책임자가 선정되고, 구성원들은 효과적으로 말을 부릴 수 있는 방안들을 제시한다. 책임자는 합의적 방식으로 구성원의 의사를 통합하여 최종적으로 말을 부리게 된다. 따라서 같은 편에 속한 사람들은 적극적으로 개인의 의견을 개진하는 동시에 전체의 통합된 의사에 따르게 된다. 이러한 것은 같은 마을이나 문중에서 공동 재산을 형성하고 책임자를 선정하여 함께 관리하는 것과 유사하다.

14. 위 글을 제대로 읽은 독자의 반응으로 적절한 것은?

① 승패를 결정하는 것은 윷의 재질이군.

② 신분에 따라 윷놀이의 방식이 달랐군.

③ 개인의 경제력에 따라 윷놀이 점수가 다르게 나오겠군.

④ 윷놀이는 운명에 순응하는 가치관이 핵심을 이루고 있군.

⑤ 말을 부리는 과정에서의 의사 결정은 민주적 절차에 가깝군.

15. 글의 흐름으로 보아 ㉠에 들어가기에 가장 적절한 것은?

① 윷을 던져서 나오는 결과에 따를 수밖에 없게 된다.

② 규칙을 익히고 이를 준수하기 위하여 노력하게 된다.

③ 상대방에게 조언을 해 주며 서로의 친목을 도모하게 된다.

④ 확률에 운명을 맡기면서도 그것을 변화시키고자 노력하게 된다.

⑤ 여러 명과 집단을 이루어 경쟁하는 가운데 공동체 의식을 기르게 된다.

16. 위 글을 읽은 독자가 〈보기〉를 보고 반응한 내용으로 적절하지 <u>않은</u> 것은?

―〈 보기 1 〉―

- 한 번만 던지도록 하며, 1점에 한 칸씩 이동한다.
- '잡는다'의 의미는 A의 위치에 도달하는 것이다.

―〈 보기 2 〉―

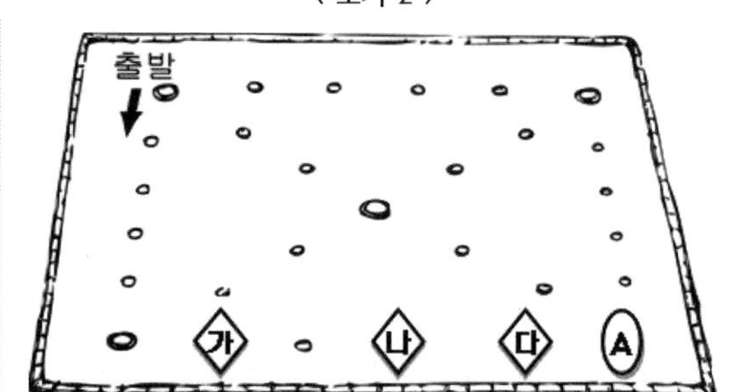

① 걸이 나오면 A를 잡을 수 없다.

② '나' 말은 '다' 말보다 A를 잡을 확률이 높다.

③ '가' 말은 세 말 중에서 A를 잡을 확률이 가장 낮다.

④ '가', '나', '다'의 말이 A를 잡을 수 있는 확률의 합은 잡지 못할 확률보다 높다.

⑤ '나' 말로 A를 잡을 수 있는 확률이 '가'와 '다' 두 개의 말로 잡을 수 있는 확률의 합보다 낮다.

다음 글을 읽고 물음에 답하시오.

(가) 흔히 사람들은 ㉠타악기가 오케스트라 연주에서 현악기와 관악기가 내는 소리 사이의 공백을 메우는 정도의 역할을 한다고 생각한다. 하지만 러시아 태생의 음악가인 스트라빈스키는 타악기를 중요하게 생각하여, 혹독한 겨울을 나야 하는 러시아인들에게 생명줄이나 다름없는 중앙난방 장치에 빗대었다.

(나) 사실 타악기야말로 가장 원초적이면서 다양한 색깔을 가진 악기다. 타악기에는 팀파니, 심벌즈, 실로폰, ㉡마림바, 차임벨 등 종류가 수없이 많아 그 특징을 일일이 나열하기가 어렵다. 심지어 손뼉을 쳐 소리를 내는 것도 타악기를 연주하는 것이라고 볼 수 있는데, 실제로 바비 맥퍼린이라는 재즈 연주자는 자신의 몸을 타악기처럼 두드려서 연주를 한다.

(다) 클래식 음악에서 가장 많이 사용되는 타악기는 팀파니(timpani)다. 팀파니는 급작스러운 충격을 표현하거나 분위기를 바꿀 때, 그리고 리듬을 반복할 때 사용된다. 그리고 팀파니는 페달을 사용하여 한 음에서 다른 음으로 미끄러지듯 연주할 수 있다. 큰북과 작은북은 음정을 조정할 수 없는 반면, 팀파니는 나사와 페달을 이용하여 음정을 자유롭게 표현할 수 있다. 정규 편성 오케스트라에는 3개의 팀파니가 사용되는데, 팀파니는 음악을 클라이맥스로 몰고 가는 데 빠질 수 없는 악기다. 팀파니가 적극적으로 사용된 작품으로는 하이든의 〈놀람 교향곡〉과 〈팀파니 미사곡〉이 있고, 베토벤의 〈교향곡 9번〉에서는 작품 전체에서 팀파니가 사용되고 있다.

(라) 심벌즈(cymbals)는 중앙에 손잡이 줄을 매는 돌기가 나와 있으며, 양쪽 가장자리만 서로 닿아 소리가 나도록 하기 위해 가장자리 쪽으로 갈수록 두께를 얇게 만든다. 심벌즈는 오케스트라 연주의 클라이맥스 부분에서 팀파니만큼이나 중요한 역할을 한다. 하지만 어떤 경우에는 겨우 몇 마디만을 연주하고 끝나는 때도 있다. 브루크너의 〈교향곡 8번〉같은 경우 90분이 넘는 연주 시간에서 심벌즈는 겨우 3초 정도만 연주한다. 이 3초를 위해 심벌즈 연주자는 연주 내내 긴장하고 있어야 한다. 만약 방심해서 1초라도 빗나가는 순간 모든 연주가 물거품이 되기 때문이다. 그래서인지 심벌즈 연주자는 시간을 정확하게 맞추려는 강박 관념에 시달리는 경우가 많다고 한다.

(마) 실로폰(xylophone)은 길이가 다른 나무 막대를 실로폰 채로 두드려 음정을 만들어 내고, 두드리는 속도를 조절하여 박자를 만들어 내는 악기이다. 실로폰은 소리가 건조하고 울림이 오래가지 않기 때문에 빠른 연주 작품에 더 잘 어울린다. 반면 실로폰의 외형과 매우 흡사한 마림바(marimba)는 음판 밑에 공명관이 붙어 있어 음향이 실로폰보다 훨씬 더 부드럽고 울림이

오래간다. 하지만 소리가 부드러운 반면 약하기 때문에 마림바는 오케스트라 연주에서는 자주 사용되지 않고, 주로 독주 악기로 사용된다.

17. 위 글의 내용과 일치하지 <u>않는</u> 것은?

① 큰북과 작은북은 음정을 조절할 수 없다.
② 팀파니는 음정을 자유롭게 표현할 수 있다.
③ 실로폰은 소리가 건조하고 울림이 오래 가지 않는다.
④ 마림바는 소리가 부드럽고 약해 주로 독주 악기로 쓰인다.
⑤ 심벌즈는 가장자리의 두께가 얇아서 오래 연주할 수 없다.

18. 두 단어의 의미 관계가 ㉠ : ㉡과 가장 유사한 것은?

① 집 : 한옥   ② 서점 : 책방   ③ 조상 : 후손
④ 안경 : 안경테   ⑤ 세모꼴 : 삼각형

19. (가)~(마)의 서술상의 특징으로 적절하지 <u>않은</u> 것은?

① (가) : 대상의 중요성을 강조하기 위해 비유적으로 표현하고 있다.
② (나) : 대상의 종류를 보여 주기 위해 구체적으로 열거하고 있다.
③ (다) : 대상의 특성을 분명하게 드러내기 위해 다른 대상과 견주고 있다.
④ (라) : 대상의 성격을 뚜렷하게 드러내기 위해 예를 들어 설명하고 있다.
⑤ (마) : 대상의 속성을 효과적으로 제시하기 위해 하위 요소를 분류하고 있다.

다음 글을 읽고 물음에 답하시오.

　　동양화의 특징은 여러 가지가 있겠지만 그 중 여백의 미를 빼놓을 수 없다. 여백의 미를 살리지 않은 그림은 동양화라 할 수 없을 정도로 여백은 동양화에서 흔히 볼 수 있는 특징이다. 이 여백은 다양하게 표현된다. 화면 한쪽을 넓게 비워 놓는 큰 여백이 있는가 하면, 화면의 형체 사이사이에 좁게 비워 놓는 작은 여백도 있다. 또한 여백은 아무것도 그리지 않은 빈 공간으로 표현하는 것이 보통이지만, 물이나 하늘, 안개나 구름과 같은 어떤 실체를 표현하기도 한다. 그리고 빽빽함에 대비되는 성김으로, 드러남에 대비되는 감춤으로 여백 표현을 대신하기도 한다.

　　여백이 어떤 역할을 하는지 조선 후기의 화가 김홍도의 '관폭도(觀瀑圖)'를 통해 살펴보자. 그림을 보면 선비들이 모여 있는 곳과 산(山)의 일부를 제외하고는 구석구석이 비어 있다. 심지어 산에서 떨어지는 폭포조차도 형체를 그리는 대신에 여백으로 표현하였다. 이렇듯 화면의 여러 부분을 비워 둠으로써 여백은 화면에 여유와 편안함을 주고 이로 인해 감상자는 시원함을 느끼게 된다. 동양화 속의 일부 경물들이 세밀하고 빽빽하게 그려져 있더라도 그리 복잡하거나 산만하게 보이지 않는 것은 바로 이 여백이 있기 때문이다. 특히 산수화에서의 여백은 세밀하게 표현된 경물들을 산만하지 않게 잘 정리해 주어 화면 전체에 안정감을 제공한다.

　　여백은 상상력을 발휘할 수 있는 바탕이 되기도 한다. 여백은 아무것도 없지만, 오히려 자세히 그린 것보다 더욱 많은 것을 표현해 주고 암시해 준다. 그림에서 선비들이 바라보는 곳에 주목해 보자. 폭포 건너편에 있는 선비들은 그림의 오른쪽에 있는 무언가를 바라보는 모습으로 처리되어 있는데, 작가는 선비들이 바라보는 대상을 여백으로 처리하였다. 선비들이 바라보는 대상은 그림 속 공간 안에 있을 수도 있고, 그림 바깥에 저 멀리 있을 수도 있다. 만약 작품의 오른쪽에 봉우리를 그렸다면 선비들이 봉우리를 바라보고 있는 것으로 단정 짓게 되지만, 여백으로 남겨 두었기 때문에 나무, 집, 바위 등 더 많은 것들을 생각할 수 있다. 그래서 ㉠여백은 일종의 적극적 표현이다.

　　여백은 화면에 여유와 안정감을 주면서 독자의 상상력을 자극하는 효과를 갖는다. 여백이 지닌 이러한 효과들로 동양화의 감상자는 운치와 여운을 느낄 수 있다. 이처럼 여백은 다 그리고 난 나머지로서의 여백이 아니라, 저마다 역할이 있는 의도적인 표현이다. '동양화의 멋은 여백에서 찾을 수 있다'고 할 정도로 여백은 동양화의 특징을 잘 드러내는 중요한 표현 방법이다.

20. 위 글의 중심 내용으로 적절한 것은?

① 동양화의 여백의 특징과 역할

② 여백이 지닌 의미가 변해온 과정

③ 동양화에서 여백을 사용하게 된 기원

④ 동양화에서 여백이 나타나는 사상적 배경

⑤ 여백을 바라보는 동양과 서양의 관점 차이

21. 글쓴이가 ㉠과 같이 말한 이유로 적절한 것은?

① 경물에 담긴 의미를 명확하게 보여 주기 때문에

② 작품 속 경물들을 산만하지 않게 정리해 주기 때문에

③ 화면에 표현된 것 이외의 것들을 상상할 수 있게 해 주기 때문에

④ 경물을 세밀하게 묘사하여 작가의 예술적 능력을 보여 주기 때문에

⑤ 현실의 속박에서 벗어나고자 하는 작가의 의지를 강조해 주기 때문에

|||| 실전문제   2006/03/학평

다음 글을 읽고 물음에 답하시오.

'노블레스 오블리주(noblesse oblige)'는 높은 지위에 맞는 도덕적 의무감을 일컫는 말이다. 높든 낮든 사람들은 모두 지위를 가지고 이 사회를 살아가고 있다. 그러나 '노블레스 오블리주'는 '높은 지위'를 강조하고, 그것도 사회를 이끌어 가는 지도층에 속하는 사람들의 지위를 강조한다. 지도층은 '엘리트층'이라고도 하고 '상층'이라고도 한다. 좀 부정적 의미로는 '지배층'이라고도 한다. '노블레스 오블리주'는 지도층의 지위에 맞는 도덕적 양심과 행동을 이르는 말로, 사회의 중요 덕목으로 자주 인용된다.

그렇다면 지도층만 도덕적 의무감이 중요하고 일반 국민의 도덕적 의무감은 중요하지 않다는 말인가? 물론 그럴 리도 없고 그렇지도 않다. 도덕적 의무감은 지위가 높든 낮든 다 중요하다. '사회는 도덕 체계다.'라는 말처럼, 사회가 존속하고 지속되는 것은 기본적으로는 법 때문이 아니라 도덕 때문이다. 한 사회 안에서 수적으로 얼마 안 되는 '지도층'의 도덕성만이 문제될 수는 없다. 화

합하는 사회, 인간이 존중되는 사회는 국민 전체의 도덕성이 더 중요하다.

　그런데도 왜 '노블레스 오블리주'인가? 왜 지도층만의 도덕적 의무감을 특히 중요시하는가? 이유는 명백하다. 우리 식 표현으로는 윗물이 맑아야 아랫물이 맑기 때문이다. 서구식 주장으로는 지도층이 '도덕적 지표(指標)'가 되기 때문이다. 그런데 우리 식의 표현이든 서구식의 주장이든 이 두 생각이 사회에서 그대로 적용되는 것은 아니다. 사회에서는 위가 맑아도 아래가 부정한 경우가 비일비재(非一非再)하다. 또한 도덕적 실천에서는 지도층이 꼭 절대적 기준이 되는 것도 아니다. 완벽한 기준은 세상 어디에도 존재하지 않는다. 단지 건전한 사회를 만드는 데에 어느 방법이 높은 가능성을 지니느냐, 어느 것이 효과적인 방법이냐만이 있을 뿐이다. 우리 식 표현이든 서구식 생각이든 두 생각이 공통적으로 갖는 의미는 지도층의 도덕적 의무감이 일반 국민을 도덕 체계 속으로 끌어들이는 데 가장 효과적이며 효율적인 방법이라는 것에 있다. 그래서 '노블레스 오블리주'이다.

　그런데 우리는 어떠한가? 왜 우리 사회 지도층의 상당수는 '도덕적 상층'이라고 불리지 못하는가? '노블레스 오블리주'가 없기 때문이다. 선진국 사회의 상층과 우리 사회의 상층은 어떤 차이가 있는가? 선진국 사회의 상층은 우리 사회의 상층과 달리 '도덕적 상층'이라 불린다. 이들 사회의 '상층'은 재산과 권력 그리고 위신(威信)만 높게 가지고 있는 것이 아니라 도덕적 수준 또한 그들 국민에 비해 상당히 높다. 이 점이 선진국 사회의 상층이 '존경받는 상층'이 되는 이유다. 이에 비해 우리 사회의 상층은 돈과 힘과 높은 지위는 가지고 있어도 도덕성이 떨어진다는 소리를 듣는다. 우리 사회의 상층이 '존경받는 상층'이 되지 못하는 이유가 여기에 있다. 존경은 고사하고 일부 지도층은 지탄의 대상이 되는 경우도 있다.

　지금 우리 사회의 혼돈(混沌)과 무질서, 계층적, 지역적 갈등의 원인을 지도층의 문제에서 찾는 사람들이 많다. 이유는 도덕성이 떨어지는 사회 지도층이 일반 국민에게 신뢰감을 주지 못하기 때문이다. 다시 말해 사회 지도층의 지도력이 부족해서라기보다는 도덕적 긴장감과 도덕적 의무감이 떨어지는 사회 지도층의 행동 때문이다. 우리 사회의 건전한 발전을 위해서는 이제 '노블레스 오블리주'가 확고한 사회적 덕목으로 자리 잡아야 한다.

22. 위 글의 내용으로 알맞지 <u>않은</u> 것은?

① 지도층과 지배층은 서로 다른 의미로 이해될 수 있다.

② 지도층의 지위에 합당한 도덕성을 갖출 때 '도덕적 상층'이라 불린다.

③ 사회가 건전하게 유지되기 위해서는 도덕적 요소가 강조되어야 한다.

④ 도덕적 의무감이 떨어지는 지도층의 행위는 국민에게 신뢰감을 줄 수 없다.

⑤ '노블레스 오블리주'가 정착된 사회는 일반 국민의 높은 도덕성을 요구한다.

23. 글쓴이의 생각을 비유적으로 정리할 때, 가장 적절한 것은?

① 집안이 바로 서기 위해서는 집안의 어른이 솔선수범하여야 한다.

② 수강생들의 실력이 향상되기 위해서는 강사의 실력이 좋아야 한다.

③ 국가 경제가 진일보하기 위해서는 초일류 기업의 수가 늘어나야 한다.

④ 학교가 발전하기 위해서는 학생과 교사가 각자의 역할에 충실해야 한다.

⑤ 국정을 무리 없이 수행하기 위해서는 대통령에게 권한이 집중되어야 한다.

24. 위 글을 읽고 아래의 〈자료〉를 접한 학생의 반응으로 가장 적절한 것은?

───────────────〈 자료 〉───────────────

　　국민 10명 중 8명 이상이 사회 지도층을 믿지 않으며 지도층이 국민의 기본 의무를 다하지 않는다고 생각하는 것으로 조사됐다. ○○단체는 이달 초 여론 조사 전문 기관에 의뢰해 전국 성인 남녀 1,500명을 대상으로 설문 조사를 벌인 결과 응답자의 82.1%가 '사회 지도층을 신뢰하지 않는다.'라고 응답했다고 밝혔다. 특히 '지도층에 대한 신뢰가 전혀 없다.'는 답이 전체의 66.6%에 달했다. '지도층 인사가 병역, 납세 등 국민의 기본 의무를 얼마나 실천했다고 보는가?'란 질문에 '실천하지 않았다.'란 답이 82.1%로 나타난 반면 '의무를 이행했다.'는 의견은 17.1%에 불과했다.

　　이와 함께 '책임감 부재'〈22.1%〉, '청렴성 부재'〈13.7%〉, '비공정성'〈19.1%〉, '맹목적 권위'〈16.6%〉 등이 지도층의 문제점으로 꼽혔다. 한편 같은 기간 정치·경제·언론·학술 등 각계 전문가 200명을 상대로 실시한 설문 조사에서도 전체의 87%가 '지도층을 신뢰하지 않는다.'라고 답해 일반 국민과 비슷한 생각을 가지고 있는 것으로 나타났다. 　　　　　　　　－ □□일보

───────────────────────────────────────

① 사회 지도층이 구체적으로 어떤 계층을 말하는 것인지 확실히 알 수 있는 자료군.

② '노블레스 오블리주'를 실천하는 지도층이 점점 늘어날 것이라고 전망할 수 있는 자료군.

③ 우리 사회의 지도층이 '도덕적 상층'이라 불리지 못하는 이유를 추측해 볼 수 있는 자료군.

④ 지도층의 도덕적 의무감이 일반 국민의 도덕적 의무감보다 떨어짐을 확인할 수 있는 자료군.

⑤ 우리 사회의 지도층을 바라보는 일반 국민과 전문가들의 견해차를 확연히 볼 수 있는 자료군.

다음 글을 읽고 물음에 답하시오.

현대는 콘텐츠의 시대다. 콘텐츠가 시대적 화두가 되고 있지만 사실 우리는 콘텐츠라는 용어에 대해 합의된 정의조차 내리지 못하고 있다. 콘텐츠란 무엇인가? 콘텐츠(contents)의 사전적 의미는 '내용이나 목차'이다. 우리 일상에서도 콘텐츠란 말은 너무나 자주 사용된다. 내용에 해당되는 것이 콘텐츠겠지만 문화콘텐츠, 인문콘텐츠, 디지털콘텐츠라는 용어에서의 콘텐츠가 과연 단순한 내용물을 이야기하는 것일까? 콘텐츠는 단순한 내용물이 아니다. 결론부터 말하자면 콘텐츠는 테크놀로지를 전제로 하거나 테크놀로지와 결합된 내용물이라고 할 수 있다.

원론적으로 콘텐츠는 미디어를 필요로 한다. 미디어는 기술의 발현물이다. 텔레비전이라는 미디어는 기술의 산물이지만 여기에는 프로그램 영상물이라는 콘텐츠를 담고 있으며, 책이라는 기술미디어에는 지식콘텐츠를 담고 있다. 결국 미디어와 콘텐츠는 분리될 수 없는 결합물이다.

시대가 시대이니만큼 콘텐츠의 중요함은 새삼 강조할 필요가 없어 보인다. 그러나 콘텐츠만 강조하는 것은 의미가 없다. 콘텐츠는 본질적으로 내용일 텐데, 그 내용은 결국 미디어라는 형식이나 도구를 빌어 표현될 수밖에 없기 때문이다. 그러므로 아무리 우수한 콘텐츠를 가지고 있더라도 미디어의 발전이 없다면 콘텐츠는 표현의 한계를 가질 수밖에 없다.

문화도 마찬가지이다. 문화의 내용이나 콘텐츠는 중요하다. 하지만 일반적으로 사람들은 문화를 향유할 때, 콘텐츠를 선택하기에 앞서 미디어를 먼저 결정한다. 전쟁물, 공포물을 감상할까 아니면 멜로나 판타지를 감상할까를 먼저 결정하는 것이 아니라 영화를 볼까 연극을 볼까 아니면 TV를 볼까 하는 선택이 먼저라는 것이다. 그런 다음, 영화를 볼 거면 어떤 개봉 영화를 볼까를 결정한다. 어떤 내용이냐도 중요하지만 어떤 형식이냐가 먼저이다.

가령, <태극기 휘날리며>나 <실미도>라는 대중적인 흥행물은 영화라는 미디어를 통해 메시지를 전달하고 있다. <태극기 휘날리며>나 <실미도>는 책으로 읽을 수도 있고, 연극으로 감상할 수도 있다. 하지만 흥행에 성공한 것은 영화라는 미디어였다. 여기서 중요한 것은 메시지나 콘텐츠를 어떤 미디어를 통해 접하는가이다. 아무래도 영화로 생생한 감동을 느끼는 <태극기 휘날리며>와 차분히 책장을 넘기며 감상하는 <태극기 휘날리며>는 수용자의 입장에서 보면 큰 차이가 있다. 감각을 활용하는 것은 콘텐츠보다는 미디어와 관련이 있다. 따라서 미디어의 차이는 단순한 도구의 차이가 아니라 메시지의 수용과도 연결된다.

요컨대 미디어는 단순한 기술이나 도구가 아니다. 미디어는 콘텐츠를 표현하고 실현하는 최종적인 창구이다. 시대적으로 콘텐츠의 중요성이 강조되고 있지만 이에 못지않게 미디어의 중요성이 부각되어야 할 것이다. 콘텐츠가 아무리 좋아도 이를 문화 예술적으로 완성시켜 줄 미디어 기술이 없으면 콘텐츠는 대중적인 반향을 불러일으킬 수 없고 부가 가치를 창출할 수도 없기 때문이다.

25. 위 글의 제목으로 적절한 것은?

① 테크놀로지의 미래
② 콘텐츠의 경제적 가치
③ 콘텐츠와 미디어의 관계
④ 테크놀로지의 수용 태도
⑤ 콘텐츠와 미디어 기술의 변천 과정

26. 위 글의 논지 전개상 특징으로 가장 적절한 것은?

① 구체적인 사례를 들어 독자의 이해를 돕고 있다.
② 상반되는 견해를 제시한 후 합일점을 찾아가고 있다.
③ 추상적인 내용을 익숙한 경험에 비유하여 설명하고 있다.
④ 가설을 소개하고 가설이 지닌 의의 및 한계를 분석하고 있다.
⑤ 일반적 진술에서 필연적이고 구체적인 사실을 이끌어내고 있다.

27. 위 글을 읽고 제기할 수 있는 비판적 의문으로 가장 적절한 것은?

① 지나치게 문화의 형식적 측면을 강조하는 것은 아닐까?
② 콘텐츠가 대중문화에 절대적인 영향력을 행사한다고 할 수 있을까?
③ 콘텐츠와 미디어의 상관성에 내재한 인간적 가치를 간과한 것은 아닐까?
④ 메시지 수용의 측면에서 책을 읽는 것과 영화를 보는 것을 동일시할 수 있을까?
⑤ 콘텐츠의 문화 예술적 가치와 경제적 가치의 상관 관계를 절대시하는 것은 아닐까?

다음 글을 읽고 물음에 답하시오.

세금이란 정부 또는 지방 정부가 수입을 얻기 위해 법률의 규정에 따라 직접적인 반대급부 없이 자연인이나 법인에게 부과하는 경제적 부담이다. 즉, 세금은 정부가 사회 안전과 질서를 유지하고 국민 생활에 필요한 공공재를 공급하는 비용을 마련하기 위해 가계나 기업의 소득을 가져가는 부(富)의 강제 이전(移轉)인 것이다.

납세자들은 정부에서 제공하는 각종 재정 활동, 즉 각종 공공 시설, 보건 의료, 복지 및 후생 등의 편익에 대해서 더 큰 혜택을 원한다. 그러나 공공 서비스 확충을 위하여 세금을 더 많이 내겠다고 나서는 사람은 보기 드물다.

역사적으로 볼 때 시민 혁명이나 민중 봉기 등의 배경에는 정부의 과다한 세금 징수도 하나의 요인으로 자리 잡고 있다. 현대에도 정부가 세금을 인상하여 어떤 재정 사업을 하려고 할 때, 국민들은 자신들에게 별로 혜택이 없거나 부당하다고 생각될 경우 ⓐ납세 거부 운동을 펼치거나 정치적 선택으로 조세 저항을 표출하기도 한다. 그래서 세계 대부분의 국가는 원활한 재정 활동을 위한 조세 정책에 골몰하고 있다.

경제학의 시조인 아담 스미스를 비롯한 많은 경제학자들이 제시하는 바람직한 조세 원칙 중 가장 대표적인 것이 공평과 효율의 원칙이라 할 수 있다. 공평의 원칙이란 특권 계급을 인정하지 않고 국민은 누구나 자신의 능력에 따라 세금을 부담해야 한다는 의미이고, 효율의 원칙이란 정부가 효율적인 제도로 세금을 과세해야 하며 납세자들로부터 불만을 최소화할 수 있는 방안으로 ⓑ징세해야 한다는 의미이다.

조세 원칙을 설명하려 할 때 프랑스 루이 14세 때의 재상 콜베르의 주장을 대표적으로 원용한다. 콜베르는 가장 바람직한 조세의 원칙은 거위의 털을 뽑는 것과 같다고 하였다. 즉, 거위가 소리를 가장 적게 지르게 하면서 털을 가장 많이 뽑는 것이 가장 훌륭한 조세 원칙이라는 것이다.

거위의 깃털을 뽑는 과정에서 거위를 함부로 다루면 거위는 소리를 지르거나 달아나 버릴 것이다. 동일한 세금을 거두더라도 납세자들이 세금을 내는 것 자체가 불편하지 않게 해야 한다는 의미이다. 또 어떤 거위도 차별하지 말고 공평하게 깃털을 뽑아야 한다. 이것은 모든 납세자들에게 공평한 과세를 해야 한다는 의미이다. 신용 카드 영수증 복권 제도나 현금 카드 제도 등도 공평한 과세를 위해서이다.

더불어 거위 각각의 상태를 감안하여 깃털을 뽑아야 한다. 만일 약하고 병든 거위에게서 건강한 거위와 동일한 수의 깃털을 뽑게 되면 약하고 병든 거위들의 불평·불만이 생길 것이다. 더 나아가

거위의 깃털을 무리하게 뽑을 경우 거위는 죽고 결국에는 깃털을 생산할 수 없게 될 것이다.

28. 위 글을 바탕으로 강연회를 개최하기 위해 안내문을 작성하려고 한다. ㉮에 들어갈 내용으로 적절한 것은?

> ▶ 주제 : ㉮
> ▷ 주최 : ○○ 고등학교 학생회　　　▷ 장소 : ○○ 고등학교 3층 대회의실
> ▷ 일시 : 2007년 6월 ○일

① 구체적인 사례를 들어 독자의 이해를 돕고 있다.
② 상반되는 견해를 제시한 후 합일점을 찾아가고 있다.
③ 추상적인 내용을 익숙한 경험에 비유하여 설명하고 있다.
④ 가설을 소개하고 가설이 지닌 의의 및 한계를 분석하고 있다.
⑤ 일반적 진술에서 필연적이고 구체적인 사실을 이끌어내고 있다.

29. 의미 관계가 ⓐ : ⓑ와 가장 유사한 것은?

① <u>컴퓨터</u>를 사용한 후에 반드시 <u>전원</u>을 꺼야 한다.
② <u>관객</u>이 늘어남에 따라 <u>극장</u>이 점차 대형화되었다.
③ 자전거 타이어는 여름에 <u>팽창</u>하고 겨울에 <u>수축</u>한다.
④ 먼 <u>바다</u>에 나가기 위해서는 <u>배</u>를 먼저 수리해야 한다.
⑤ 얇게 뜬 김은 부드럽고 맛이 좋아서 <u>높은</u> 값에 팔린다.

<table>
<tr><td>⫽⫽⫽ 실전문제</td><td align="right">2006/03/학평</td></tr>
</table>

다음 글을 읽고 물음에 답하시오.

> 최근의 통계청 자료에 따르면 우리나라도 디지털 환경에서 자라난 30세 미만의 신세대는 2,000

만 명을 넘어 총 인구의 43%를 차지하는 것으로 추정된다. 이들은 600개 이상의 채널과 80억 개 이상의 웹 페이지 등 엄청난 양의 정보 속에서 자라나 기성 세대와는 다른 특성을 갖는 세대로, '디지털 세대'라고 부를 수 있다. 따라서 휴대폰을 자신의 분신과 같이 여기고 메신저나 문자 메시지 등 시공을 초월하여 상대와 의사 소통이 가능한 환경에서 자라난 디지털 세대를 이해하는 것은 기성 세대에게 더 이상 선택의 문제가 아니다.

우선 디지털 세대들은 멀티 태스킹(multi-tasking) 또는 병렬 처리(parallel processing)에 능하다. 즉, 기성 세대가 한 가지 일을 수행하면서 다른 일을 동시에 처리하는 것에 서툰 반면 이들은 여러 대상에 골고루 관심을 분산해 처리할 수 있다. 따라서 디지털 세대들은 친구에게 편지를 보내고 느긋한 마음으로 그 답장을 기다리지 않는다. 이들은 즉각적으로 반응을 주고받는 교류를 원한다. 손에 쥐고 있는 휴대폰, 그리고 메신저와 문자 메시지를 통해 이들은 자신이 원할 때 언제나 상대방과 의사 소통이 가능한 환경에서 성장한 것이다. 이들이 어릴 적부터 빠져 들었던 게임을 보면 상상이 갈 것이다. 하나의 게임 단계가 끝나면 즉각 피드백과 평가가 따른다. 지식을 얻을 때도 인터넷에서 하이퍼 링크로 연결된 페이지를 그때그때 넘나들며 궁금한 사항을 즉시 해결하며 성장해 왔다. 일본에서는 신세대들의 이 같은 욕구를 만족시키기 위해 대학 본고사 결과를 단 하루 만에 발표하는 대학이 생겨났다.

현대 사회의 개인은 정보 통신 수단의 발달로 사소한 일에도 자신의 의견을 솔직하게 드러낼 수 있으며, 의견을 나누고 합의를 통해 한 목소리를 낼 수 있게 되었다. 최근에 열풍을 일으키고 있는 블로그나 미니 홈 페이지 등을 살펴보라. 저마다 청중이기보다 주연배우가 되기를 원한다. 우리들은 월드컵 거리 응원이나 촛불 시위에서 보였던 신세대들의 관심과 참여를 기억할 수 있을 것이다.

디지털 세대에게는 '놀 때 놀고, 일할 때 열심히 일하자.'는 식의 이분법적 구분은 설득력이 없다. 그들은 놀이나 게임처럼 일과 공부에 도전적인 요소와 재미가 있기를 바란다. 반면에 지루하고 재미없는 일은 그것이 아무리 중요하다 해도 집중하지 않는다. 고도의 집중력이 필요한 고차원의 게임을 즐기며 성장한 이들을 이끌어내는 힘은 바로 목표를 향한 도전성과 재미다. 기성 세대는 흔히 '요즘 젊은 것들은 집중력이 떨어져.'라며 혀를 차곤 한다. 그러나 그 이전에 과연 이들에게 도전적인 목표와 즐거움을 줬는지 되돌아볼 필요가 있다.

이제 우리 사회는 어디에서나 이렇게 새로운 특성을 지닌 디지털 세대들을 만날 수 있다. 과연 이들이 사회에 주력으로 편입되기 시작하면 어떤 변화가 올까.   ㉠   (라)는 격언처럼 새로운 사회는 새로운 인재가 이끌어 갈 수밖에 없다. 중요한 것은 기성 세대, 디지털 세대 중 어떤 한 쪽의 사고 방식이나 행동 양식이 더 우월하다고 믿어서는 안 된다는 것이다. 두 세대는 그저 '다를' 뿐이다.

30. 위 글에서 확인할 수 <u>없는</u> 것은?

① 디지털 세대의 사고 방식　　② 디지털 세대의 행동 특성

③ 디지털 세대의 성장 환경　　④ 디지털 세대의 유형별 특징

⑤ 디지털 세대의 의사 소통 방식

31. 문맥을 고려할 때, ㉠에 들어갈 말로 적절한 것은?

① 궁하면 통한다　　② 새 술은 새 부대에

③ 천리 길도 한 걸음부터　　④ 굴러 온 돌이 박힌 돌 빼 낸다

⑤ 국수 잘하는 솜씨가 수제비 못하랴

32. 위 글의 논지에 맞는 기성 세대의 반응으로 적절한 것을 <보기>에서 골라 바르게 묶은 것은?

―〈 보기 〉―

ㄱ. 디지털 시대라고 하지만 정신적 가치를 소홀히 하는 것은 문제가 있다고 생각해.

ㄴ. 생활 방식이 우리와 다르더라도 그들을 비난하기보다는 이해하려는 노력이 필요해.

ㄷ. 기성 세대라고 해서 요즘 같은 시대에 디지털 기기들을 다루지 못한다면 문제가 있어.

ㄹ. 디지털 세대들이 우리와 생각이 다른 건 당연하다고 봐. 우리와 살아온 환경이 다르잖아.

① ㄱ, ㄴ　　② ㄱ, ㄷ　　③ ㄴ, ㄷ

④ ㄴ, ㄹ　　⑤ ㄷ, ㄹ

|||| 실전문제　　　　　　　　　　　　　　　　　　　　2006/03/학평

다음 글을 읽고 물음에 답하시오.

(가) 신문이나 잡지는 대부분 유료로 판매된다. 반면에 인터넷 뉴스 사이트는 신문이나 잡지의 기사와 같거나 비슷한 내용을 무료로 제공한다. 왜 이런 현상이 발생하는 것일까?

(나) 이 현상 속에는 경제학적 배경이 숨어 있다. 대체로 상품의 가격은 그 상품을 생산하는 데 드

는 비용의 언저리에서 결정된다. 생산 비용이 많이 들면 들수록 상품의 가격이 상승하는 것이다. 그런데 인터넷에 게재되는 기사를 생산하는 데 드는 비용은 0에 가깝다. 기자가 컴퓨터로 작성한 기사를 신문사 편집실로 보내 종이 신문에 게재하고, 그 기사를 그대로 재활용하여 인터넷 뉴스 사이트에 올리기 때문이다. 또한 인터넷 뉴스 사이트 방문자 수가 증가하면 사이트에 걸어 놓은 광고에 대한 수입도 증가하게 된다. 이러한 이유로 신문사들은 경쟁적으로 인터넷 뉴스 사이트를 개설하여 무료로 운영했던 것이다.

(다) 그런데 무료 인터넷 뉴스 사이트를 이용하는 사람들이 폭발적으로 늘어나면서 돈을 지불하고 신문이나 잡지를 구독하는 사람들이 점점 줄어들기 시작했다. 그 결과 언론사들의 수익률이 감소하여 재정이 악화되었다. 문제는 여기서 그치지 않는다. 언론사들의 재정적 악화는 깊이 있고 정확한 뉴스를 생산하는 그들의 능력을 저하시키거나 사라지게 할 수도 있다. 결국 그로 인한 피해는 뉴스를 이용하는 소비자에게로 되돌아 올 것이다.

(라) 그래서 언론사들, 특히 신문사들의 재정 악화 개선을 위해 인터넷 뉴스를 유료화해야 한다는 의견이 있다. 하지만 그러한 주장을 현실화하는 것은 그리 간단하지 않다. 소비자들은 어떤 상품을 구매할 때 그 상품의 가격이 얼마 정도면 구입할 것이고, 얼마 이상이면 구입하지 않겠다는 마음의 선을 긋는다. 이 선의 최대치가 바로 최대지불의사(willingness to pay)이다. 소비자들의 머릿속에 한 번 각인된 최대지불의사는 좀처럼 변하지 않는 특성이 있다. 인터넷 뉴스의 경우 오랫동안 소비자에게 무료로 제공되었고, 그러는 사이 인터넷 뉴스에 대한 소비자들의 최대지불의사도 0으로 굳어진 것이다. 그런데 이제 와서 무료로 이용하던 정보를 유료화한다면 소비자들은 여러 이유를 들어 불만을 토로할 것이다.

(마) 해외 신문 중 일부 경제 전문지는 이러한 문제를 성공적으로 해결했다. 그들은 매우 전문화되고 깊이 있는 기사를 작성하여 소비자에게 제공하는 대신 인터넷 뉴스 사이트를 유료화했다. 그럼에도 불구하고 많은 소비자들이 기꺼이 돈을 지불하고 이들 사이트의 기사를 이용하고 있다. 전문화되고 맞춤화된 뉴스일수록 유료화 잠재력이 높은 것이다. 이처럼 제대로 된 뉴스를 만드는 공급자와 제값을 내고 제대로 된 뉴스를 소비하는 수요자가 만나는 순간 문제 해결의 실마리를 찾을 수 있을 것이다.

33. (가)~(마)에 대한 설명으로 적절하지 <u>않은</u> 것은?

① (가) : 현상을 제시하고 있다.　② (나) : 현상의 발생 원인을 분석하고 있다.

③ (다) : 현상의 문제점을 지적하고 있다.　④ (라) : 현상의 긍정적 측면을 강조하고 있다.

⑤ (마) : 문제의 해결 방안을 시사하고 있다.

34. 위 글을 읽은 학생들의 반응으로 적절하지 <u>않은</u> 것은?

① 정보를 이용할 때 정보의 가치에 상응하는 이용료를 지불하는 것은 당연한 거라고 생각해.

② 현재 무료인 인터넷 뉴스 사이트를 유료화하려면 먼저 전문적이고 깊이 있는 기사를 제공해야만 해.

③ 인터넷 뉴스가 광고를 통해 수익을 내는 경우도 있으니, 신문사의 재정을 악화시키는 것만은 아니야.

④ 인터넷 뉴스 사이트 유료화가 정확하고 공정한 기사를 양산하는 결과에 직결되는 것은 아니라고 생각해.

⑤ 인터넷 뉴스만 보는 독자들의 행위가 질 나쁜 뉴스를 생산하게 만드는 근본적인 원인이니까, 종이 신문을 많이 구독해야겠어.

IIIII 실전문제　　　　　　　　　　　　　　　　　　　　　2011/06/학평

다음 글을 읽고 물음에 답하시오.

일탈은 일반적으로 사회의 규범을 어긴 행위라고 규정할 수 있다. 그런데 우리는 왜 일탈을 하게 되는 것일까? 학자들은 이 질문에 답하기 위해 많은 연구를 해 왔다. 일탈의 원인을 ⓐ<u>규명(糾明)</u>하려는 이러한 연구는 크게 개인적 관점과 사회적 관점으로 나뉜다.

일탈의 원인을 개인의 문제로 본 이론들은 주로 일탈자의 생물학적 특성이나 심리적 요인에 ⓑ<u>주목(注目)</u>하였다. 그 중에서 '좌절-공격 이론'은 개인의 심리적 요인에서 일탈의 원인을 찾는 대표적 이론의 하나였다. 이 이론에서는 일탈의 원인을 개인의 심리적 욕구의 좌절로 보았다. 심리적 욕구가 충족되지 않으면 사람은 본능적으로 욕구 충족을 방해하는 대상에 대해 공격적인 행동을 하게 된다는 것이다. 만일 그 대상을 찾지 못하거나, 찾더라도 그 대상이 자기보다 훨씬 강하다고 생각되면 그것을 대체할 수 있는 다른 대상이라도 찾아 분풀이를 한다고 보았다. 일탈은 결국 심리적 욕구의 좌절에서 비롯된 반응이라는 것이다. 이 이론은 일탈의 원인을 밝히면서 인간의 심리를 주목하게 해 주었다. 그러나 일탈 자체가 사회 구조와 깊이 관련되어 있음에도 불구하고 이 이론은 일탈의 궁극적인 책임을 개인에게서만 찾으려 했다는 점에서 충분한 설득력을 얻지 못했다.

한편, 일탈의 원인을 사회적인 맥락 속에서 파악하려고 했던 이론들도 있었다. 그 중에서도 '낙인 이론'은 일탈에 대한 새로운 관점을 제시해 주었다. 이 이론에서는 일탈을 낙인의 결과로 보았다. 낙인이란 어떤 행동을 규범에서 벗어난 것으로 ⓒ<u>규정(規定)</u>하는 행위이다. 규범에 어긋나는 크고 작은 행동은 누구나 할 수 있다. 하지만 이러한 행동을 했다고 그들 모두가 사회에서 일탈자로 낙

인찍히는 것은 아니다. 사람들로부터 이 행동이 잘못된 것이라고 낙인찍히고 비난을 받게 되면 이것이 비로소 일탈이 된다는 것이다. 예를 들어 동성동본(同姓同本)끼리 결혼하는 경우 아무도 이 결혼을 문제 삼지 않으면 이것이 크게 문제될 것이 없지만, 사람들이 이것을 문제가 있다고 낙인찍으면 이것도 일탈 행위가 된다는 것이다. 따라서 낙인이론에서는 어떤 행동의 성격보다 그 행동이 일어나는 상황과 여건을 더욱 중요하게 보았고, 그에 따라 일탈이 매우 상대적인 것임을 ⓓ부각(浮刻)해 주었다.

또한 낙인이론은 한번 낙인이 찍히면 그 낙인에서 벗어나기가 쉽지 않다는 것에도 관심을 가졌다. 그래서 일탈자로 낙인찍힌 자는 결국 사회적 역할을 수행하는 데 지장을 받게 되고, 사회 적응에 어려움을 겪게 되어 이후에도 일탈이 지속된다고 보았다. 낙인이론은 이와 같이 일탈이 낙인에 의한 사회적 결과물임을 강조함으로써 일탈의 원인을 개인이 아닌 사회적 관계 속에서 조명할 수 있게 해 주었다. 하지만 낙인이론은 이미 규범을 어긴 사람에 대한 사회적 반응에만 초점을 맞추어 애초의 행동을 ⓔ유발(誘發)시킨 다른 원인에 대해서는 간과하고 있다는 한계도 가지고 있다.

35. 위 글의 집필 의도로 가장 적절한 것은?

① 이론이 형성되는 역사적 과정을 보여준다.

② 대비되는 관점을 지닌 두 이론을 소개한다.

③ 특정 이론의 문제점에 대한 글쓴이의 대안을 제시한다.

④ 기존 이론을 뒷받침할 수 있는 새로운 근거를 제시한다.

⑤ 두 이론의 공통점을 확대 적용하여 새로운 사실을 밝힌다.

36. ⓐ~ⓔ의 사전적 뜻풀이로 바르지 <u>않은</u> 것은?

① ⓐ : 어떤 사실을 자세히 따져서 밝힘.

② ⓑ : 관심을 가지고 주의 깊게 살핌.

③ ⓒ : 내용이나 성격, 의미 따위를 밝혀 정함.

④ ⓓ : 어떤 사물을 특징지어 두드러지게 함.

⑤ ⓔ : 이전에 일어났던 일이 다시 발생함.

37. 위 글을 읽은 독자가 〈보기〉를 보고 반응한 내용으로 적절하지 <u>않은</u> 것은?

〈 보기 〉

① 낙인 때문에 '○○'가 앞으로 일탈 행동을 지속할 가능성이 커지겠군.

② '○○'가 지각을 하게 된 원인을 개인의 심리적 요인에서 찾을 수 있겠군.

③ '○○'는 회사에서 게으르고 불성실한 사람이라는 낙인을 벗기가 쉽지 않겠군.

④ 만약 직장 사람들이 '○○'를 낙인찍지 않았다면 그의 지각은 일탈로 보기 어렵겠군.

⑤ 일탈자라는 낙인 때문에 '○○'는 앞으로 사회적 역할을 수행하는 데 지장이 있겠군.

Memo

04

화법, 작문, 문법

01. 〈보기〉를 활용하여 '현대 도시인의 바람직한 삶의 태도'에 대한 글을 쓰기 위해 연상한 내용으로 적절하지 <u>않은</u> 것은? | 2006/03/학평 |

① ㄱ : 조급한 마음보다 여유 있는 마음을 갖는 것이 복잡한 현대 사회를 사는 지혜이다.
② ㄴ : 함께 살아가기 위해 개인의 이익보다 공익을 생각하는 태도가 중요하다.
③ ㄷ : 남에 대한 배려는 명랑한 사회를 만들기 위해 필요한 삶의 자세이다.
④ ㄹ : 남을 탓하기 전에 자신을 먼저 되돌아보는 자세가 무엇보다 중요하다.
⑤ ㅁ : 복잡한 사회를 살아가기 위해 무엇보다 발상을 새롭게 하는 태도가 필요하다.

02. 〈보기〉를 읽은 후의 감상 중, 조건에 맞게 표현한 것은? | 2006/03/학평 |

〈 보기 〉

　토끼와 거북이가 또다시 경주를 하였다. 토끼는 거북이가 보이지도 않을 정도로 앞서자, 상수리나무 아래에서 늘어지게 낮잠을 잤다. 한참 후, 거북이는 토끼가 자고 있는 나무 옆을 지나게 되었다. 세상모르고 자고 있는 토끼를 본 거북이는 이번에는 토끼를 이길 수 있다는 생각에 자못 마음이 들떴다. '내가 드디어 토끼를 이기다니!' 자신이 기적의 주인공이 된다는 사실에 신바람이 나 더욱 열심히 기어갔다. 하지만, 곧 뒤통수가 근질거렸다. 거북이는 '치사하게 이기느니, 당당하게 지자.'며 오던 길을 되돌아가 토끼를 깨웠다. 눈을 뜬 토끼는 깜짝 놀라 서둘러 몇 걸음 뛰었다. 그러다가 거북이가 자신을 깨웠다는 걸 알고, 거북이에게 말했다. "거북아, 고마워. 난 내 재주만 믿고 늘 자만했었는데 넌 항상 정정당당하게 최선을 다했으니, 네가 진정한 승리자야. 그러니 네가 먼저 들어가." 그러자, 거북이는 "아니야, 네가 먼저 들어가. 능력이 뛰어난 자가 이기는 건 당연한 거야." 하며 양보했다. 결국 둘은 함께 들어가기로 하고, 어깨동무를 한 채 나란히 결승점을 밟았다.

─── 〈 조건 〉───

○ 〈보기〉의 주제를 반영할 것 / ○ 의문문의 형식을 포함시킬 것 / ○ 비유적인 표현을 쓸 것

---

① 새롬 : 토끼와 거북이의 행복한 경주. 진정한 승리란 우리 모두가 이기는 것이 아닐까?

② 소라 : 누구보다 성실했던 거북이, 드디어 기적의 주인공이 되었다. 그의 드라마 같은 승리에 박수를 보낸다.

③ 우람 : 이야기를 읽고서야 깨달았다. 용서야말로 세상을 행복하게 만들어주는 부드럽지만 강한 힘이라는 것을.

④ 시내 : 봄바람처럼 따뜻하게 다가온 이야기. 우리도 그들처럼 더불어 살아가는 아름다운 모습일 수는 없을까?

⑤ 한솔 : 거북이의 말을 들은 토끼의 마음은 어땠을까? 거북이의 마음을 받아들인 토끼, 그때부터 그는 더 이상 오만한 패배자가 아니었다.

03. 다음 자료를 활용하여 글을 쓰고자 한다. 자료의 활용 방안으로 적절하지 <u>않은</u> 것은? | 2006/03/학평 |

〈자료1〉 성별 고령인구 구성비 추이(단위:%)　　　　〈자료2〉 생산가능인구 대비 고령인구 비중(단위:%)

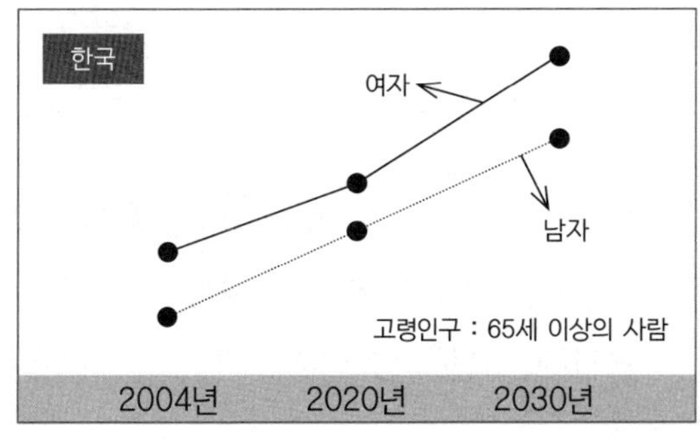

자료 : 통계청

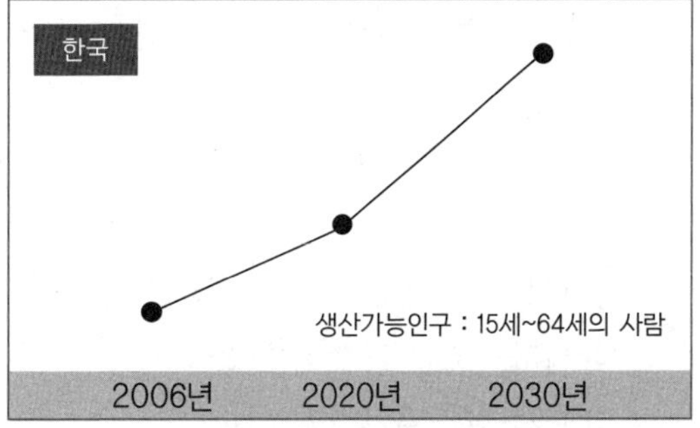

자료 : 보건사회연구원

<자료3> 주요국의 인구 고령화 속도(단위 : 년)　　　　　　　　　　　　　　　　　➡ 소요연수

고령인구 비율	7%(고령화사회)		14%(고령사회)		20%(초고령사회)
한 국	2000년	19	2019년	7	2026년
일 본	1970년	24	1994년	12	2006년
영 국	1929년	47	1976년	44	2020년
미 국	1942년	72	2014년	16	2030년
프랑스	1864년	115	1979년	40	2019년

자료:통계청

① <자료1>을 활용하여 한국은 남자에 비해 여자의 고령인구 비율이 높음을 알려준다.

② <자료2>를 활용하여 생산가능인구의 노인 부양 부담이 점점 늘어날 것을 지적한다.

③ <자료3>을 활용하여 다른 나라보다 한국의 인구 고령화가 빠르게 진행되고 있음을 보여준다.

④ <자료1>과 <자료2>를 활용하여 농촌 인구의 도시 유입이 인구 고령화를 앞당기는 원인임을 보여준다.

⑤ <자료1>~<자료3>을 종합하여 인구 고령화의 심각성을 일깨우는 근거 자료로 활용한다.

04. <보기>의 설명을 바탕으로 할 때, ㉠을 형태소로 바르게 나눈 것은? | 2006/03/학평 |

───────────────── 〈 보기 〉 ─────────────────

　　형태소란 의미를 지닌 가장 작은 말의 단위로, 더 쪼개면 전혀 의미가 없어지는 문법 단위라 할 수 있다. 가령, '나는'에서 '나'는 실질적인 의미를 지니므로 하나의 형태소가 되고, '-는'은 실질적인 의미를 지니지는 않지만 문법적인 의미를 지니기 때문에 또 하나의 형태소가 된다.

　　다음 예문을 형태소로 나누어 보자.

　　㉠ 나는솔잎을씹어보았다.

───

① 나/는/솔/잎/을/씹/어/보/았/다　　　　② 나/는/솔/잎/을/씹/어/보/았다

③ 나/는/솔잎/을/씹어/보/았다　　　　　④ 나/는/솔잎/을/씹어/보았/다

⑤ 나/는/솔잎을/씹어/보았다

05. '청소년들의 팬 클럽 문화, 바람직한가'라는 제목으로 글을 쓰기 위해 글감을 정리하였다.

(가), (나)에 들어갈 내용으로 적절하지 <u>않은</u> 것은? | 2006/06/학평 |

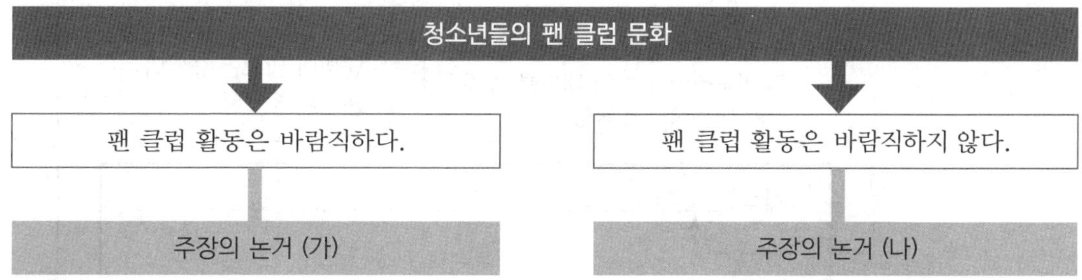

① (가) : 학업 스트레스에서 벗어나 젊음을 발산할 수 있는 기회의 장을 제공한다.

② (가) : 팬 클럽 활동을 통해 원만한 교우 관계를 맺고, 청소년기의 색다른 추억을 만든다.

③ (나) : 집단 이기주의에 빠져서 경쟁 팬 클럽에 가입한 친구들을 적대시한다.

④ (나) : 회원들 간에 다양한 정서를 공유할 수 있어 청소년기의 갈등을 해결한다.

⑤ (나) : 팬 클럽 활동을 하기 위해서는 적잖은 돈이 들어가기 때문에 경제적으로 부담이 된다.

06. <보기>를 통해 연상한 내용을 주제로 설정하려고 한다. 가장 적절한 것은? | 2006/09/학평 |

< 보기 >

① 눈앞의 이익에 사로잡혀 중요한 것을 놓치면 안 된다.

② 이것이 아니면 저것이라는 생각을 하면 안 된다.

③ 자기의 생각을 일방적으로 강요해서는 안 된다.

④ 결과에 집착하여 과정을 무시해서는 안 된다.

⑤ 현상만 보고 성급한 판단을 해서는 안 된다.

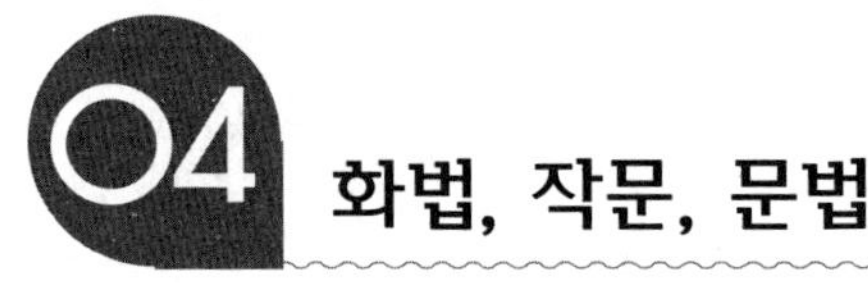

07. <보기>는 '바람직한 말하기 태도'에 대한 글을 쓰기 위해 수집한 내용들을 메모한 것이다. 이를 수정·보완하기 위한 생각으로 적절하지 <u>않은</u> 것은? | 2006/09/학평 |

'일상에서의 말하기 태도를 돌아보고 바람직한 말하기 태도를 갖자.'라는 내용으로 설정함 ㉠

'군말이 많으면 쓸말이 적다'로 수정함 ㉢

[주제문] ____________________

▶ '잘못된 말하기 태도'와 관련된 단어

    다언(多言), 예언(豫言), 실언(失言), 허언(虛言)

㉡ 주제의 범위에서 벗어나므로 삭제함

▶ '잘못된 말하기 태도'와 관련하여 구체적 상황에 적합한 속담 찾기

  ㄱ. 말을 이것저것 많이 늘어놓았지만 정작 쓸 말은 적다.

  ⇨ 가는 말이 고와야 오는 말이 곱다.

  ㄴ. 해서는 안 되는 말을 해 상대에게 상처를 준 적이 있다.

  ⇨ 쌀은 쏟고 주워도 말은 하고 못 줍는다.

  ㄷ. 실천하지 않으면서 말로만 큰소리친다.

  ⇨ ____________________

▶ 바람직한 말하기 태도

  ㄱ. 할 말과 안 할 말 가려서 말하기

  ㄴ. 감정을 조절해 말하기

  ㄷ. 진실하게 말하기

㉣ '낮말은 새가 듣고 밤말은 쥐가 듣는다'를 넣음

㉤ 위의 'ㄴ' 항목에 대응하지 않으므로 '상대의 처지를 배려해 말하기'란 내용으로 수정함

① ㉠   ② ㉡   ③ ㉢   ④ ㉣   ⑤ ㉤

08. '동생의 선물'이라는 제목으로 콩트를 쓰기 위해 구상한 내용으로 적절하지 <u>않은</u> 것은?

| 2006/09/학평 |

단계	구상 내용
인물·상황 소개	① 아버지께서 돌아가신 후, 어머니는 새벽부터 밤늦게까지 시장에서 일을 하시고, 동생과 나는 서로 의지하며 학교에 다닌다.
발단과 갈등 형성	② 얼마 전부터 동생이 늦은 시간에 꾀죄죄한 모습으로 귀가한다. 타일러도 고쳐지지 않아 못마땅하게 생각한다.
새로운 사건 발생	③ 가게 앞을 지나가다가 빈 병을 들고 고개를 숙인 채 주인에게 혼나고 있는 동생을 보게 된다.
갈등의 심화	④ 그 순간 화가 난 나는 도와 달라는 듯한 동생의 눈빛을 외면하고 그냥 지나쳐 버린다.
반전	⑤ 귀가한 어머니께 동생의 잘못을 말씀드리자 어머니께서는 요즘 너무 늦게 다닌다며 동생을 크게 나무라신다.
갈등의 해소	며칠 후, 빈 병을 팔아 모은 돈으로 생일 선물을 샀다며 동생이 자랑스럽게 곰 인형을 건넸고, 나의 오해가 풀린다.

09. '문장의 중의적 표현'에 대한 수업 내용을 정리해 보았다. 이에 대한 학생들의 설명으로 적절하지 <u>않은</u> 것은? | 2006/11/학평 |

학습 과제	문장의 중의적 표현
정의	한 문장이 여러 가지 의미로 해석되는 경우를 문장의 중의적 표현이라고 한다.
예문	용감한 그의 아버지는 적군을 향해 돌진했다.
중의적 내용	용감한 사람이 '그'로, '그의 아버지'로도 해석될 수 있다.
중의성 해소	ⓐ 그의 용감한 아버지는 적군을 향해 돌진했다. ⓑ 용감한, 그의 아버지는 적군을 향해 돌진했다. ⓒ 용감한 그의, 아버지는 적군을 향해 돌진했다.

① ⓐ에서 '용감한'의 주체는 '아버지'로군.
② ⓑ는 쉼표를 넣어 주니 문장의 뜻이 명확해지는군.
③ ⓒ에서 '용감한'의 주체는 '아버지'가 아니라, '그'로군.
④ ⓒ는 성분의 이동과 쉼표에 의해서 ⓑ와 뜻이 같아지는군.
⑤ '그것은 엄청난 시간과 돈의 낭비다'는 문장도 중의적 표현이군.

10. 청소년 상담 기관 홈페이지에 올라온 어느 학생의 글이다. 학생과 다른 관점에서 용기를 주는 댓글을 쓰고자 할 때, 적절하지 <u>않은</u> 것은? | 2007/06/학평 |

[제목] 너무 힘들어요.

안녕하세요? 저는 마음이 여리고 다소 내성적인 성격이라 친구들과 어울리는 것이 힘듭니다. 친구들은 제가 우유부단하여 결단력이 없고, 게다가 성격도 까다롭다고 하면서 저를 점점 멀리 하네요. 이렇다 보니 점점 자신감이 없어지고 결정한 것을 바꿀 때도 많아 변덕이 심하다는 얘기를 듣기도 합니다. 그리고 친구들이 어떤 부탁을 해도 거절하지 못해 힘듭니다. 어떻게 해야 하나요?

http://고민상담실

① 우유부단하다는 것은 달리 생각하면 신중한 태도라고 할 수 있어요.

② 마음이 여리다는 것은 부드러운 심성을 지니고 있다고 할 수 있어요.

③ 변덕이 심하다는 것은 오히려 밝고 명랑한 태도라고 생각할 수 있어요.

④ 성격이 까다롭다는 것은 달리 생각하면 꼼꼼하고 치밀한 성격이라고 할 수 있어요.

⑤ 친구들의 부탁을 거절하지 못한다는 것은 상대방을 배려하는 마음을 지닌 것이라고 할 수 있어요.

11. 학생의 편지글을 고쳐 쓴 내용으로 적절한 것은? | 2007/06/학평 |

선생님, 그 동안 ㉠안녕하셨어요?

　연둣빛 잎사귀들이 초록으로 더욱 짙어가는 6월입니다.

　작년 이맘때 선생님과 함께 생활했던 기억이 ㉡떠올립니다. 도시락도 먹고, 체육 대회 준비도 하던 소중한 추억들……. 언제나 미운 오리 새끼 취급을 받던 제가 선생님의 따스한 사랑을 ㉢받았지만 성실한 학생이 될 수 있었습니다. 정말 감사합니다.

　요즘 저는 도서관에서 열심히 공부하고, 동아리 활동도 하며 활기차게 지내고 있습니다. 가끔 대학 생활이 힘들 때면, 아무리 어려운 상황이 오더라도 ㉣결코 희망을 가져야 한다고 하신 선생님의 말씀이 생각납니다. 그래서 더 열심히 살아야겠다고 다짐을 합니다. 선생님! 정말 고맙습니다.

　그럼 ㉤건강하세요.

① ㉠ : 높임법에 맞지 않으므로 '안녕하셨지요?'로 고친다.

② ㉡ : 문장 성분 간의 호응이 적절하지 않으므로 '떠올려집니다'로 고친다.

③ ㉢ : 앞뒤 문맥이 자연스럽게 연결되도록 '받았는데'로 바꾼다.

④ ㉣ : 부사어와 서술어의 호응을 고려하여 '절대로 희망을 가져야 한다'로 바꿔 쓴다.

⑤ ㉤ : 기본형인 '건강하다'는 명령형으로 활용할 수 없으므로 '건강하게 지내세요'로 바꾼다.

---

12. <보기>를 통해 알 수 있는 내용으로 적절하지 <u>않은</u> 것은? | 2008/03/학평 |

─────────〈 보기 〉─────────

▶ 접미사 '–보'가 결합하여 만들어진 단어의 예

　꾀보/느림보/털보/먹보/울보/뚱뚱보

▶ 접미사 '–쟁이'가 결합하여 만들어진 단어의 예

　멋쟁이/고집쟁이/욕심쟁이/심술쟁이/말썽쟁이/변덕쟁이

▶ 접미사 '–꾸러기'가 결합하여 만들어진 단어의 예

　욕심꾸러기/장난꾸러기/심술꾸러기/말썽꾸러기/변덕꾸러기

───────────────────────────

① <보기>의 접미사 모두 부정적인 의미를 덧붙여 준다.

② '–쟁이'와 '–꾸러기'를 바꾸어 쓸 수 있는 경우가 있다.

③ '–보'는 '–쟁이'나 '–꾸러기'와 달리 품사를 바꾸기도 한다.

④ <보기>에 제시된 단어들은 대상이 지닌 속성을 강조할 때 쓰인다.

⑤ <보기>의 접미사가 결합하여 만들어진 말은 사람을 지칭할 때 쓰인다.

---

13. <보기>의 밑줄 친 부분의 예로 적절한 것은? | 2008/06/학평 |

─────────〈 보기 〉─────────

　접사는 단어의 어근에 결합하여 새로운 단어를 만들어내는 형식 형태소이다. 이러한 접사가 결합하면 본래 단어의 의미가 한정되거나 새로운 의미가 부가되는데, 이렇게 만들어진 단어를 파생어라 한다. 파생어는 본래 단어의 품사가 변화되는 경우와 품사가 변화되지 않는 경우로 나뉜다.

[예] ○ 깊–('깊다'의 어근) + –이(접사) = 깊이(형용사 → 명사)

　　　○ 덧–(접사) + 신(어근) = 덧신(명사 → 명사)

───────────────────────────

① 개떡　　　　　② 덮개　　　　　③ 들꽃

④ 밤길　　　　　⑤ 하늘

14. 수업 시간에 다음과 같은 과제를 수행했을 때, 적절하지 <u>않은</u> 것은? | 2008/07/학평 |

───────────────〈 보기 〉───────────────

선생님 : 한 문장이 두 가지 이상의 의미로 해석되는 표현을 중의적 표현이라 합니다. 일상에서 이러한 표현은 전달하고자 하는 의미를 모호하게 만들 수 있습니다. 다음 문장들은 중의적 표현인데, 중의성을 해소할 수 있는 방법을 말해 보도록 합시다.

㉠ 저 배 좀 봐라.　　　　　　　　　　㉡ 철수와 영희는 결혼했다.

㉢ 아름다운 그녀의 목소리를 듣고 싶다.　㉣ 남편은 나보다 드라마를 더 좋아한다.

㉤ 교실에는 동수의 그림이 걸려 있다.

학생 : ____

① ㉠은 '배' 앞에 '먹음직스러운' 같은 수식어를 추가하면 중의성이 해소됩니다.
② ㉡은 '철수와'는 '철수는'으로, '영희는'은 '영희와'로 바꾸면 중의성이 해소됩니다.
③ ㉢은 '그녀의'를 문장의 맨 앞으로 보내면 중의성이 해소됩니다.
④ ㉣은 '나보다'와 '드라마를'의 어순을 바꾸면 중의성이 해소됩니다.
⑤ ㉤은 '동수의'를 '동수가 그린'으로 바꾸면 중의성이 해소됩니다.

15. 수업 시간에 다음과 같은 과제를 수행했을 때, 적절하지 <u>않은</u> 것은? | 2008/07/학평 |

───────────────〈 보기 1 〉───────────────

'이', '그', '저'는 대상과 말하는 이, 듣는 이 사이의 거리에 따라 선택되는 단어이다. '이'는 말하는 이에게 좀 더 가까운 대상을, '그'는 말하는 이에게는 멀지만 듣는 이에게 가까운 대상을, 그리고 '저'는 말하는 이와 듣는 이 모두에게 멀리 떨어진 대상을 가리킬 때 사용한다.

───────────────〈 보기 1 〉───────────────

영미 : ⓐ<u>이</u> 책은 너무 따분해. 수철아, ⓑ<u>그</u> 책 다 읽었니?

수철 : ⓒ<u>이</u> 책을 다 읽으려면 아직 멀었어. ⓓ<u>그</u> 책이 재미없으면 ⓔ<u>저</u> 책을 읽어 봐.

영미 : ⓕ<u>저</u> 책은 이미 읽어 봤어.

① ⓐ, ⓒ   ② ⓐ, ⓓ   ③ ⓑ, ⓔ

④ ⓑ, ⓕ   ⑤ ⓒ, ⓕ

16. ＜보기＞를 통해 연상한 내용을 주제로 설정하려고 한다. 가장 적절한 것은? | 2006/09/학평 |

＜ 보기 ＞

① 예절과 예의는 서로에게 이득이 되는 행동입니다.

② 남을 배려하는 마음이 우리 사회를 건강하게 만듭니다.

③ 기본적인 생활 습관은 곱게 가꿔야 할 당신의 얼굴입니다.

④ 교통법규 지키기는 당신의 생명을 지켜주는 안전띠입니다.

⑤ 노인 공경의 자세는 소중히 보존해야 할 우리의 자산입니다.

17. 시각 자료를 바탕으로 '더불어 사는 삶의 태도'에 관한 글을 쓰려고 한다. 적절한 연상 내용으로 보기 <u>어려운</u> 것은? | 2009/09/학평 |

① 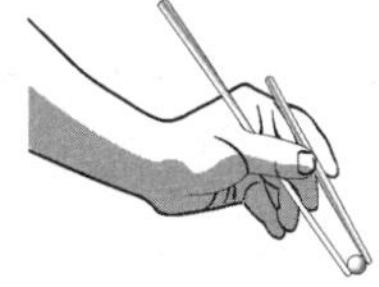 서로 당기면 열리지 않습니다.

자신의 입장만 내세우지 말고 양보하는 정신이 필요하다.

② 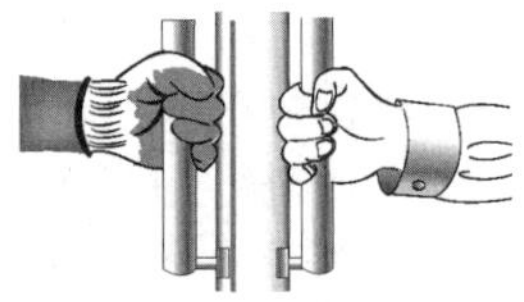 한 짝이 짧아도 할 수 있습니다.

힘을 모아 문제를 해결하는 태도가 필요하다.

③  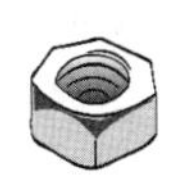 똑같다면 필요 없습니다.

남에게 나와 똑같은 생각을 하도록 강요하는 것은 바람직하지 않다.

④  각자의 몫이 있습니다.

사람은 누구나 자기의 능력에 알맞게 살아야 한다.

⑤ 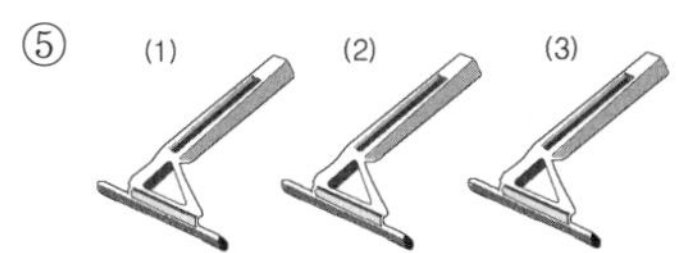 (문제) 다음 중 외국인 근로자가 만든 면도기는 어느 것 일까요?

편견을 갖고 남을 바라보는 태도는 바람직하지 않다.

18. <보기>를 바탕으로 할 때 발음이 바르게 된 것끼리 묶은 것은? | 2010/03/학평 |

─────────────────────〈 보기 〉─────────────────────

O 음절의 끝소리는 뒤에 모음으로 시작되는 실질 형태소가 이어질 때에 'ㄱ, ㄴ, ㄷ, ㄹ, ㅁ, ㅂ, ㅇ'의 7자음(대표음)으로만 소리 난다. 다만 모음으로 시작되는 형식 형태소가 이어질 때에는 음절의 끝소리가 대표음으로 바뀌지 않고 뒤 음절의 첫소리가 된다.
ex. 부엌 앞[부어갑], 부엌이[부어키]

O 끝소리가 'ㄷ, ㅌ'인 형태소가 모음 'ㅣ'로 시작하는 형식 형태소와 만나면 'ㄷ, ㅌ'이 'ㅈ, ㅊ'으로 바뀐다.
ex. 같이[가치], 굳이[구지]

가마솥을	물받이		가마솥을	물받이
① [가마소틀]	[물바지]		② [가마소슬]	[물바지]
③ [가마소츨]	[물바지]		④ [가마소틀]	[물바디]
⑤ [가마소츨]	[물바디]			

19. 〈보기〉의 글을 고쳐 쓰기 위한 방안으로 적절하지 <u>않은</u> 것은? | 2011/06/학평 |

───────────────〈 보기 〉───────────────

책은 기억과 상상을 ㉠<u>확산</u>시켜 준다. 기억과 상상을 넓혀 주는 책을 ㉡<u>읽음으로서</u> 인간은 현재의 삶을 넘어서서 과거와 미래를 자유로이 넘나들 수 있다. ㉢<u>그래서</u> 서가에 꽂혀 있는 책은 망각된 기억이며 죽은 상상일 뿐이다. 많은 사람들이 　㉣　 서가에 꽂아 두는 것만으로 마치 그 내용을 소유한 것처럼 생각하고 있다. 읽지 않았으면서도 읽은 것처럼 믿고 싶어 하는 것이다. ㉤<u>무조건 비싸다고 다 좋은 책은 아니다.</u> 그러나 책의 소유는 내용의 소유이어야 한다. 내용을 소유하기 위해서는 책을 읽어야 한다.

① ㉠ : 어휘의 쓰임이 적절하지 않으므로, '확립'으로 바꿔야겠어.
② ㉡ : 조사가 잘못 사용되었으므로, '읽음으로써'로 고쳐야겠어.
③ ㉢ : 접속어의 쓰임이 적절하지 않으므로, '그러나'로 고쳐야겠어.
④ ㉣ : 필요한 성분이 생략되어 있으므로, '책을'이라는 말을 보충해야겠어.
⑤ ㉤ : 글의 흐름에서 벗어나므로, 삭제해야겠어.

20. 〈보기〉의 빈 칸에 공통적으로 들어갈 단어로 적절한 것은? | 2011/09/학평 |

───────────────〈 보기 〉───────────────

ㅇ 사람들은 그를 천재라고 ＿＿＿＿＿＿.
ㅇ 복은 또 다른 복을 ＿＿＿＿＿＿.
ㅇ 그는 속으로 쾌재를 ＿＿＿＿＿＿.

① 말하다　　② 부르다　　③ 여기다　　④ 외치다　　⑤ 생각하다

21. 〈보기〉의 밑줄 친 부분에 해당하는 것은? | 2007/06/학평 |

───────────────〈 보기 〉───────────────

부사어는 주로 용언을 꾸며주어 그 의미를 분명히 해주는 문장성분이다. 부사어는 문장에서 위치 이동이 비교적 자유로운 편이지만 <u>자리를 바꿀 수 없는 경우</u>도 있다.

① 그녀가 <u>갑자기</u> 일어났다.

② <u>과연</u> 그분은 위대한 정치가군요.

③ 내일은 <u>꼭</u> 만나는 것이 좋겠어요.

④ 그 유명한 영화를 <u>못</u> 봐서 아쉬워요.

⑤ <u>제발</u> 비가 조금이라도 내리면 좋겠어요.

22. <보기>의 ⓐ~ⓒ에 대한 설명으로 적절하지 <u>않은</u> 것은? | 2007/03/학평 |

────────────〈 보기 〉────────────

도깨비는 부잣집 문 앞에서 둘째 아들을 세워 놓고,

"ⓐ<u>여보게, 자네는 여기서 기다리고 있게.</u> 나는 들어가서 딸의 혼을 꾀어 올 테니."

하고는 그 집으로 들어갔다.

둘째 아들이 잠시 기다리고 있는데, 도깨비가 금방 나왔다.

ⓑ<u>"딸의 혼은 어떻게 했는가?"</u>

ⓒ<u>"지금 이렇게 손에 꼭 쥐고 있지 않은가?"</u>

────────────────────────────────

① ⓐ에서는 ⓑ에서처럼 주어 '자네는'을 생략할 수 있다.

② ⓑ의 '딸의 혼' 앞에 ⓐ의 '여보게'를 넣을 수 있다.

③ ⓑ의 '어떻게'와 ⓒ의 '이렇게'는 부사어이다.

④ ⓒ의 '손에'는 ⓐ의 '여기서'로 대신 나타낼 수 있다.

⑤ ⓒ에서 생략된 목적어는 ⓑ의 '딸의 혼'이다.

23. 밑줄 친 단어 중, 표준어가 <u>아닌</u> 것은? | 2006/06/학평 |

① 뒤엉킨 **넝쿨**을 뒤적거려 참외를 찾았다.

② 교실 안은 **우뢰** 같은 박수 소리로 가득 찼다.

③ 미역국은 **소고기**를 넣어 끓여야 깊은 맛이 난다.

④ 정부의 안일한 **늑장** 대응이 또다시 큰 피해를 가져왔다.

⑤ 봄철에 **가물**이 들면 농사에 지장이 많고 산불도 우려된다.

24. <보기>의 자료를 활용하여 '한국 영화의 현실'에 대한 글을 쓰려고 한다. 자료의 활용 방안으로 적절하지 <u>않은</u> 것은? | 2009/03/학평 |

―――――――――――――――〈 보기 〉―――――――――――――――

(가) 한국 영화와 외국 영화의 상영관 점유율 추이

	[한국 영화 점유율]	[외국 영화 점유율]
2006년	64%	36%
2007년	50%	50%
2008년	42%	58%

〈출처:한국 영화 연감〉

(나) 한국 영화의 제작 편수 및 수익 구조

연도	2006년	2007년	2008년
제작 편수	105편	109편	112편
수익을 낸 작품의 수	19편	13편	7편
작품 당 평균 손익	11.5억 원 적자	17.9억 원 적자	16.4억 원 적자

〈출처:한국 영화 연감〉

(다) 우리나라는 현재 영화 제작사의 과도한 경쟁으로 인해 연간 적정 제작 편수인 80여 편보다 훨씬 많은 작품들이 제작되고 있습니다. 이렇게 너무 많은 작품들이 제작되다 보니 수준 이하의 작품도 많습니다. 이는 관객들에게 한국 영화 전체에 대한 부정적 인상을 주게 되고, 이로 인해 한국 영화 전체가 외면당하는 결과를 초래할 수 있습니다. ―영화 평론가 ○○○―

① (가)를 활용하여, 한국 영화의 상영관 점유율이 점점 하락하고 있는 현실을 제시한다.

② (나)를 활용하여, 한국 영화의 제작 편수가 증가함에도 불구하고 오히려 수익을 낸 작품의 수는 줄어들고 있음을 지적한다.

③ (다)를 활용하여, 제작 편수를 늘리기보다는 질적 수준을 높여야 관객의 사랑을 받을 수 있음을 제시한다.

④ (가)와 (다)를 활용하여, 수준 이하의 한국 영화가 한국 영화의 상영관 점유율 하락의 원인이 될 수 있음을 지적한다.

⑤ (가), (나), (다)를 활용하여, 한국 영화의 경쟁력 확보를 위해서 외국 영화에 맞설 정도의 자본과 기술력을 보유할 필요가 있음을 제시한다.

25. <보기>를 바탕으로 '독서'에 관한 글을 쓰려고 할 때, 이끌어낼 수 있는 내용으로 적절하지 <u>않은</u> 것은? | 2008/03/학평 |

─────〈 보기 〉─────

　김장을 할 때 제일 중요한 것은 좋은 재료를 선별하는 일입니다. 속이 무른 배추를 쓰거나 질 낮은 소금을 쓰면 김치의 맛이 제대로 나지 않기 때문입니다. 김장에 자신이 없는 경우에는 반드시 경험이 많고 조예가 깊은 어른들의 도움을 받을 필요가 있습니다.

　한 종류의 김치만 담그는 것보다는 다양한 종류의 김치를 담가 두는 것이 긴 겨울 동안 식탁을 풍성하게 만드는 지혜라는 점도 잊지 말아야 합니다. 더불어 꼭 강조하고 싶은 것은, 어떤 종류의 김치를 얼마나 담글 것인지, 김장을 언제 할 것인지 등에 대한 계획을 미리 세워 두는 것이 매우 중요하다는 점입니다.

─────────────────────

① 좋은 책을 골라서 읽기 위해 노력한다.
② 독서한 결과를 정리해 두는 습관을 기른다.
③ 적절한 독서 계획을 세워서 이를 실천한다.
④ 독서를 많이 한 선배나 선생님께 조언을 받는다.
⑤ 특정 분야에 치우치지 말고 다양한 분야의 책을 읽는다.

25. <보기>는 학급 홈페이지 게시판에 올릴 글의 초고이다. 이를 고쳐 쓰기 위한 계획으로 적절하지 <u>않은</u> 것은? | 2010/03/학평 |

─────〈 보기 〉─────

　여러분, 안녕하세요?
　저는 오늘 학급 회장으로 뽑힌 ○○○입니다. 회장이 되어 무척 기쁘기는 한데, 이런 중책을 ㉠<u>맡는것이</u> 처음이라 많이 떨립니다. 열심히 노력할 테니까 다들 도와주세요.
　그런데 여러분! 제가 생각하기에 우리 반 친구들이 고쳐야 할 점은 같은 중학교를 나온 친구들끼리만 ㉡<u>어울립니다.</u> 아직까지 우리 반 분위기가 서먹한 건 그 때문인 것 같아요. ㉢<u>그렇지만</u> '새 친구 사귀기 운동'을 펼치는 건 어떨까 생각해 봤습니다. ㉣<u>선배들 얘기로는 고등학교에선 수학이 어려워진다는데 참 고민입니다.</u> 고등학교 때 친구는 평생을 간다니까, 다 함께 좋은 추억 많이 쌓았으면 좋겠습니다.
　끝으로, 저를 회장으로 뽑아준 우리 반 친구들에게 이 자리를 ㉤<u>빌어</u> 고맙다는 말을 전합니다.

─────────────────────

① ㉠은 띄어쓰기에 맞게 '맡는 것이'로 고쳐야겠어.

② ㉡은 문장 성분의 호응을 고려하여 '어울리는 게 문제입니다'로 바꿔야겠어.

③ ㉢은 문맥에 어울리게 '그래서'로 바꿔야겠어.

④ ㉣은 글의 자연스러운 흐름을 방해하는 문장이므로 삭제해야겠어.

⑤ ㉤은 잘못 사용한 어휘이므로 '빌려'로 고쳐야겠어.

교육방송

정답

맛있는 교재

"교재는 정보다."

정답

☕ 01 | 시가 문학

01. ⑤	02. ⑤
03. ⑤	04. ①
05. ⑤	06. ③
07. ①	08. 설온님
09. ⑤	10. ①
11. ③	12. ⑤

☕ 02 | 산문 문학

01. ③	02. ④
03. ②	04. ⑤
05. ②	06. ④
07. ③	08. ①
09. ③	10. ④
11. ②	12. ⑤
13. ④	14. ③
15. ②	16. ④
17. ②	18. ③
19. ②	20. ②
21. ②	22. ④
23. ⑤	24. ②

25. ④	26. ②
27. ②	28. ⑤
29. ①	30. ④
31. ①	32. ⑤
33. ③	34. ①
35. ②	36. ②
37. ⑤	

☕ 03 | 독서

01. ①	02. ②
03. ③	04. ③
05. ①	06. ④
07. ②	08. ④
09. ③	10. ②
11. ①	12. ②
13. ③	14. ⑤
15. ④	16. ⑤
17. ⑤	18. ①
19. ⑤	20. ①
21. ③	22. ⑤
23. ①	24. ③

| 25. ③ | 26. ① | | 25. ② | 26. ② |

27. ①   28. ①

29. ③   30. ④
31. ②   32. ④

33. ④   34. ⑤
35. ②   36. ⑤

37. ②

☕ 04 | 화법, 작문, 문법

01. ⑤   02. ④
03. ④   04. ①

05. ④   06. ②
07. ④   08. ⑤

09. ④   10. ③
11. ⑤   12. ①

13. ②   14. ④
15. ②   16. ③

17. ④   18. ①
19. ①   20. ②

21. ④   22. ④
23. ②   24. ⑤

iBS 교육방송 | 고등 국어

초판인쇄일 | 2014년 1월 20일
1쇄발행일 | 2014년 1월 25일

지 은 이 | 김미선
펴 낸 이 | 이용배
책 임 감 수 | IPTV교육방송 편성위원장(김성태)
감　　　수 | 김도한, 윤동진, 전현준, 신병선
　　　　　　정현성, 권선경, 정재현, 이현숙
　　　　　　이다정, 김주희, 채송화

펴 낸 곳 | IPTV교육방송(강남스터디)
디 자 인 | 박수정, 김화현
제　　　작 | 송재호
홍　　　보 | 권재홍
문　　　의 | http://iptvstudy.co.kr(IPTV교육방송)
상　　　담 | 강남스터디 02) 515-0058

총　　　판 | 가나북스 www.gnbooks.co.kr
전　　　화 | 031) 408-8811(代)
팩　　　스 | 031) 501-8811